自己資金0円からはじめる不動産投資

数字が苦手でも大丈夫!

サラリーマンだから実践できる
大家さんになるための教科書

不動産投資コンサルタント
桜木大洋

青月社

はじめに

サラリーマンとして、いつも前向きに頑張ってきた。

バブル期に志望した会社に入社して、ここで一生やっていこうと決意したのはもう何十年も前の話。

「年齢的にもう給料が増える見込みはなく、収入は減る一方」

「子どもに充分な教育を受けさせてあげられない」

「将来の年金が不安だ」

「このまま定年まで我慢して働くのはイヤだ」

いつしか会社の業績は悪化し、人が減らされ、手当も無くなった。

若い人はみんな優秀で、英語も当り前のように話せる。確かに自分は会社に貢献してきたつもりだけれど、これからの若者に引き継ぐべきものがあるとは思えなくなってきた。

土日や深夜でも容赦なく追いかけてくる仕事のメール。

同僚と酒を飲みに行ってもいつも同じ話。

上司に理不尽な要求をされ、頑張っても頑張っても評価されない。

会社の将来にも希望を感じられなくなってきた。

それでも愛する家族を守るため、毎日毎日、地獄のような通勤電車に揺られる。

たまの休みには家族旅行にも行きたいけれど、そんな余裕もない。

もうダメだ。もう無理だ。この状況をなんとかしなければ……。


そんな私が、不動産投資にめぐり逢い、人生が大きく変わりました。

「まとまったお金もないし、不動産の知識もない。だから自分には無理」

今、あなたはそう思っているかもしれませんが、3年前、実は私もそう思っていました。

しかし、自己資金ゼロから8億円の資産を築きあげ、年間2000万円以上の利益を手にするようになり、すべての悩みが消し飛びました。

サラリーマンのためのもっとも最適な投資は、不動産投資です。副業として、効率よく安定的な収入を得ることができるようになります。

不動産の選び方と、融資のコツさえ身につければ、誰にでもできます。帰宅後のわずかな時間や、土日を使ってできるのです。

では、不動産投資で最初にするべきことは何でしょうか？

多くの人が「頭金を準備すること」と答えます。しかし、いくらのお金をいつまでに準備すればいいのでしょうか。

その根拠をお聞きすると、「自分が住む家を買う」のと同じ感覚になっていることが判明します。

一見すると同じように見えますが、不動産賃貸業は、自分の家を買うこととはまったく違う「事業」なのです。

事業というのは、銀行から資金を調達して、初期の設備を整えて、何年かかけて借金を返済しながら、やがて利益を生み出していくものです。不動産事業もまったく同じです。

不動産投資は、融資をしてもらって物件を取得し、そこから得られる家賃から借金を返済しながら、手元にお金を残していくものです。

頭金がなくてもスタートできる理由は、不動産事業は他の業態よりもずっとお金が借りやすいからです。大きな金額を貸してもらえる仕組みがあるのです。また、融資をしてもらうコツがあるのです。

私は、不動産投資をしようと決めてから、不動産投資に関するありとあらゆる書籍を読みあさりました。そこで、不動産関係の本には、大きく分けて2つの性質があることに気づきました。

一つは、不動産業者が、幅広い知識をまんべんなく網羅して、最終的にその会社が得意とする不動産をすすめるスタイル。

もう一つは一般の投資家が、自身の体験談を面白おかしく語り、読者にノウハウを紹介するスタイルです。

どちらも知識・情報を得るという点ではとても有益です。しかし、ある肝心なことを書いていない本がとても多いことに気づきました。

それは、個人の目指す姿に合わせた数値での判断基準です。

この本では、収益シミュレーションや物件の選定基準のポイントを知り、失敗しないための数字をしっかり理解することがとても大事だということをお伝えします。そして、融資を引き出すコツさえ押さえれば、非常にシンプルに成果を得られるということもお伝えしていきます。


世界の富裕層のほとんどは、不動産を活用していると言われています。芸能人でも一時期爆発的に売れていた人が、すっかりTVから姿を消して、「今頃はどうやって生活しているんだろう?」なんて考えたりしますが、多くの場合、不動産を保有して、家賃収入を得て悠々自適の生活を送っています。

それだけ不動産は、高いビジネススキルがなくても安定した収益を得ることのできる、唯一無二の素晴らしい事業モデルなのです。

まとまったお金が無くても、サラリーマンという立場を活かし、銀行から多額の融資を受けて大型物件を取得するノウハウが確立されています。

そのノウハウは、時代の変化とともに少しずつ変わっていきますが、本質的な部分さえ押さえておけば、あとは状況に合わせて柔軟に対応していけばよいのです。

そこを理解し、行動するだけで、あなたの人生は大きく変わります。

この書籍があなたの人生を変えるきっかけになり、苦痛と辛抱ばかりの生活から抜け出して、家族や仲間とともに、自由を満喫できる人生を歩んでいけるよう、心から応援します。

桜木大洋

Chapter. 1
超入門！ 不動産投資に対するモヤモヤを解消するQ&A

Chapter. 2 資産家になるための不動産の選び方

Chapter.
3
収益が上がる物件の見極め方

Chapter.
4
自己資金0円！ 融資を引き出して不動産をどんどん増やすテクニック

Chapter. 5

総資産8億円 キャッシュフロー2200万円のリアルストーリー

Chapter. 6 不動産の取得後に効率的にお金をふくらませる方法

Chapter.

1

超入門！
不動産投資に対する
モヤモヤを解消する
Q&A

不動産投資を始める前に疑問を解消しましょう

この本を手に取られたあなたは、どんなきっかけで不動産投資に興味を持ちましたか？

・不動産投資なんてもともと手の届かない話だと思っていた。でも、身近な人が物件を購入した
・遺産相続して、土地と建物を持つことになった。どうにか活用したい
・テレビや雑誌の特集で見た。自分も大家さんになれるのかな？
・今のままじゃ、将来が不安で仕方がない

このようなことがきっかけで、不動産の世界に興味を持たれる方が多いようです。

私は不動産投資のコンサルティングを通じて、多くの方の資産形成をサポートしてきました。

その中には、家賃収入がサラリーマンの収入を上回り、働かなくても暮らせるようになった方もたくさんいます。

夢の不労所得生活を手に入れた方も、もちろん最初は初心者でした。

初心者の方々の質問は、大体決まって同じような内容です。それだけ問題点や疑問点が共通しているということです。

ここでは、**不動産投資を始めようとする方々が持つ共通の質問**に、一つずつお答えしていきます。

あなたの頭の中にある不動産投資に対するモヤモヤした気持ちも、きっと解消されるはずです。

質問1 何から始めればいいのかわかりません

なんて素直な質問でしょう。

こういうことを本気で質問できる人は、成功する可能性がかなり高いと思います。なぜなら、素直に聞いて、素直に行動する人が、最も成果を挙げることができるからです。

まずは資産の確認から

不動産投資で最初にするべきことは、ご自身の資産の確認です。
・源泉徴収票を過去3年分、すぐに提出できますか？
・確定申告書を過去2年分、すぐに提出できますか？
・奥様に収入があるならば、その分の資料もすぐに提出できますか？
・預貯金はいくら？

・株や証券、年金はどれくらい？
・生命保険を今解約すると、いくら返ってくる？

これらを現金に換算したものがどれくらいあるかを、具体的に把握することです。「大体◯◯万円くらいかなぁ……」と大まかな金額を言える人はたくさんいます。ですが、そんなあいまいではダメです。すべて文書で伝える必要があるからです。収益不動産を紹介してもらう際や、金融機関に融資を申し込む際、最初に必要なのが「資産概要書」です。いわゆる自己紹介のようなものです。

A4の用紙1枚に、所有資産と年収などを記入するようになっています。まずはこれを完成させましょう。フォーマットはインターネットで検索して入手することもできます。

自分の資産を把握するのはけっこう面倒なことですが、面倒なことから逃げずにしっかりできる人だけが、資産をつくれるのです。

自分の資産がどれだけあるのか、これを明確に把握して伝えることができるようになることが、不動産投資の第一歩です。

質問2 どんな勉強をすればいいですか？

すべての学びに言えることですが、関連本を最低10冊は読んでおくことをおすすめします。大きめの本屋なら、不動産投資本のコーナーがあるはずです。パラパラめくって良さそうに思えたら、即購入です。

「不動産投資」のキーワードで、アマゾンを検索すると1万2千冊もの本がヒットします。人気順で並び替えて、上位のものを買い集めたりして10冊も読めば、共通の内容が多く、不動産投資の概要はほとんど理解できるようになるでしょう。実はシンプルな仕組みなのが、不動産投資だからです。

著者によって表現の違いがありますから、同じ内容でも別の人の文章で読み返すことで、より理解が深まります。

本を読んだら、次はセミナーに参加されることをおすすめします。

知識の習得はもちろんですが、大きなメリットは**人脈づくり**です。講師や仲間たちの影響はとても大きいです。現在の私があるのも、セミナーで知り合った人たちのおかげと言ってもいいくらいです。

セミナーでは、同じ目標を持った人や、すでに成功している人に出会えます。最初は同じスタート地点にいた人達が、頑張って成功していく姿を見ると、「自分にもできる」と思えるようになるのが、セミナーの最大のメリットです。

セミナーの次におすすめするのは、個人コンサルティングです。仕事や収入、貯金額など、人それぞれ事情が違います。自分のケースならどうなのか？ それを直接質問して教えてもらうことで、大きな時間の短縮が可能になります。コンサルティングを受ける場合には、資産の概要をまとめた書類を用意しておきましょう。そうすれば、的確なアドバイスがもらえます。

質問
3 そうはいっても借金が怖いです

「何千万、何億も借金するなんて怖い。もしものことがあったらどうしよう」

こうした不安は当然です。

そこで次のような考え方を持つことをおすすめしています。

100万円くらいを借りる時は、「返せなくなったらどうしよう」と考えるのもわかります。でも、5000万円とか、1億円を超えるお金を借りる時は、どうせ自分の力では返せないのです。ですから、いくらでも大差ないと考えられるかどうかです。

不動産の場合、返せないなら売却してしまえば、ほぼ同額もしくは購入した時よりも高く売れて、利益が入ってくることもあります。

収益不動産を買う時は、手持ちの現金は使わずに、できるだけ大きい金額の融資を受けて買う方が、リターンも大きくなって良いのです。

投資の世界ではこれを「レバレッジを効かせる」と言い、理想的な投資手法として紹介されています。

投資の本質が理解できてくると、**少しでも大きな金額を借りた方が有利**だということがわかってきます。

それでも借金が怖いという方は、不動産投資はしない方が賢明でしょう。

もし不動産投資に興味があるのなら、目標設定がとても重要です。

「なぜ不動産投資をしたいのか？」

「いつまでに、いくらくらい稼ぎたいのか？」

「稼いだお金でどんなことをしたいのか？」

これらの明確な目標が必要不可欠です。

大きな収入を得たいなら、それなりのリスクは必要です。

あなたの収入は、リスクを引き受けるあなたの覚悟に比例するのです。

質問4 不動産投資って、どんなリスクがあるの？

投資にはリスクがつきものです。収益不動産は、自宅を買うよりも大きな金額の融資をしてもらって行う事業です。

「扱う金額も大きいし、もしも失敗したらどうしよう……」

このように心配になるのも無理はありません。

しかし、何かしらのリスクがあって、そのリスクを背負う決心をした人だけが、投資家としての成功を手にできます。

とはいえ不動産投資は、株やＦＸなど想定しきれないリスクが多い投資に比べれば、はるかに安全・安定した資質の投資です。

不動産賃貸経営における主なリスクとその対策について、私の実体験に基づいた「切実な順番」でお答えします。

①空室リスク

不動産事業で最も恐れるべきことは「空室」です。

所有物件に空室が出たら、すぐに現状回復のためのリフォームをして、次の入居者を募集できる状態にしなければなりません。また、現在入居している方々が、できるだけ退去されないように配慮する必要があります。

②修繕リスク

中古で購入した物件は、アクシデントに見舞われることもあります。修繕費がかかるもので最もありがちで、しかもダメージが大きいのが「水漏れ」です。「水漏れ」は、入居者の部屋にも被害を及ぼすことがあります。

こういった修繕リスクへの対策は、「火災保険」「地震保険」に加入することです。きちんと保険求償してくれる代理店で保険に加入しておけば、万が一の時、修繕費がかかっても、ある程度保険でカバーしてくれます。

私はなぜか、水漏れの被害に多く見舞われた年があります。所有している3棟の物件すべてに水漏れが発生しました。その修繕費は7万円～150万円と幅広く、その度に管理会社で写真を撮ってもらい、保険代理店と連携して保険求償を行いました。結果的に累計で380万円かかった修繕費のうち、300万円程度は保険で補うことができました。保険求償に優れた代理店を選んでおくと、こういう時に助かります。ちなみに、もしもあなたの所有物件に、累計で100万円程度の被害があって、1度も求償できることがなかったら、保険代理店を変えたほうが良いかもしれません。

③金利上昇リスク

キャッシュフロー（手元に残るお金）を大きく揺るがすものがあるとしたら、融資の返済金利が上がることです。このリスクに備えるとしたら、借り換えができるように、常に金融機関の情報を集めることです。チャンスがあればすぐにアプローチできるように、資産概算書の準備をしておくことが重要です。金利が上昇したら、最悪の場合、物件を売却することも考えなければいけません。

④ その他のリスク

この他に、災害リスク・家賃下落リスク・家賃滞納リスクなどがあります。いくつかのリスクは、保険で回避できます。しかしそれでも、手元に残るお金はどんどん減ります。

何よりもリスクを気にしすぎると、事業自体に踏み込むことはできません。ある程度のリスクを承知の上で、できるだけ事前に回避する策を講じることが、どの事業でも基本です。そして不動産の事業は、その対策が比較的着実にとれることがメリットなのです。

質問5 家のローンがあるんです。それでも買えますか？

一番多い質問がこれです。

自宅のローンや借金があっても、投資物件はもちろん買えます。

私にはまだ３０００万円以上の住宅ローンが残っていますが、それでも不動産事業への融資総額は８億円強です。まったく影響がありません。むしろ、住宅ローンは金利も低いですし、できるだけ長く借りておきましょう。

住宅ローンを繰り上げ返済することが美徳であるかのように考える人が多いです。しかし、投資家は「金利が最も低い住宅ローンは、できるだけ長く借りるのが鉄則」と口を揃えます。

逆に、金利の高いノンバンクのローンを借りている場合には、できるだけ早く返済した方が良いです。金融機関は現在の負債額を見るときに、「担保があるかどうか」をとても重要視します。

無担保で高級な品物をローンで購入したり、形の残らない旅行やレジャーにお金を使って、その借金がまだ残っているような場合には、間違いなく「負債」と見なされます。

それらは、不動産投資のための融資においてはマイナスに働きます。

もちろん、その負債の額と個人の収入、購入する物件の規模により、バランスが変わります。

まずは「資産概要書」を作成して、いくつかの不動産会社にあたってみることです。不動産会社がアドバイスをくれる場合も多いです。

不動産投資という事業を営むようになったら、「いかに借金を活用するか」が重要な戦略になってくるのです。

質問6 不動産投資に向いているのはどんな人ですか？

自分は不動産投資には向いていない、という人が時々います。

でも不動産投資に向き・不向きはありません。ただ単に、この本で紹介するような投資ノウハウを知っているかどうかの差が資産の差を生むのです。

世の中は「知っているか知らないか」だけで得をしたり損をすることが多いのです。

ただし、これまで多くの実績を挙げている人を見ていると、成功できる人と成功できない人のある違いがわかってきました。それは性格による向き・不向きというよりも、**仕事の進め方や姿勢**に関するものです。

不動産投資で結果を出せる人のタイプは次の3つのタイプです。

①人の話を素直に聞ける人

成功者からアドバイスされた時、次のようなことを反射的におっしゃる方がいます。

「それはあなただからできたんですよ」

「そんな簡単にお金を手に入れていたら、いつか痛い目を見るのではないか」

「この前読んだ新聞には、違うことが書いてありましたよ」

これはこれで自由な反応なので構わないのですが、ただ、このような人の特徴は、実績に基づく話と単なる一般論との違いを聞き分けられないことです。

とかく人は、今までの体験を否定されることを嫌がりますし、自分の周りの人と同じことを考えるのが正しいと思いがちです。

成功する人は、自分より成果を出している人のことを否定しません。不動産投資においては、成功者とまったく同じことをやれば、ほとんどの人が結果を出せます。それだけシンプルな仕組みなのです。

②すぐに行動できる人

新しいことを始める時はどうしてもエネルギーが必要になります。

「疲れている」「忙しい」「時間がなかった」

そんな言い訳は誰にでも思いつくことです。だから多くの人は、思い通りの人生を歩めないのです。言い訳に聞こえないパターンだと、「ぜひやりたいけど、◯◯を済ませてから」と言うセリフも意外に多いです。

実はこのパターンが一番やっかいです。一見すると前向きになっているように錯覚しますが、ほとんど前に進まないのです。

私が成功できた理由の一つは、**今日得た情報をもとに、今日のうちに行動するというポリシーに徹したから**です。特に物件が少ない時期の市場は、競争率が高まりますので、これができる人しか成功しないと言っても過言ではないでしょう。

「即行動」ができる人だけに、幸運の神は微笑むのです。

③ 即断即決ができる人

この本を読んだり、先輩やコンサルタントのアドバイスに従って、概算書を用意したり、物件情報を集めたり、不動産会社に出向く。こういった行動は、実は頭を使わなくてもできることです。

しかし、そうした行動によって情報を得た時に、買うか買わないか、借りるか借りないかを**すぐに決断しないと、チャンスを逃してしまう**ことが往々にしてあります。

不動産投資は最低でも何千万円、時には何億円という規模のお金が動きます。これまで経験したことのない、イメージできないほどの大金です。多くの初心者は、その大きさにひるんで、判断に時間をかけてしまうのです。するとほとんどの場合、ろくな結果になりません。迷っているうちに、いい物件ほど他の人に買われてしまいます。

案内してくれた不動産業者さんからの信用も失います。すると次からは、いい物件が紹介されなくなります。結果が遠のく材料ばかりを増やしてしまいます。

「正しい判断」というのは、後になってからでないとわからないものです。それよりも、**「正しい判断だった」と思えるように、その先も行動し続けることが大事**なのです。

質問7 貯金はゼロですが、不動産投資を始められますか？

株などへの投資と不動産投資では、大きな違いがあります。

手持ちのお金が100万円あって、それで株や債権を買うと、株のその時の価値は100万円です。100万円しかないのに、1000万円の株は買えません。

でも不動産の場合、100万円を持っている人が現金で100万円の物件を購入することは、まずありません。100万円しかなくても1000万円の物件を購入したり、億を超える高額な物件を購入することが可能です。

オーバーローンといって、1円の頭金や手数料すら用意できなくても、何千万円もの物件を購入できるケースもあります。

なぜそれが不動産投資では可能かというと、銀行にとって融資をするメリットがあるからです。

銀行が貸してくれる理由は、物件自体が「担保」になるからです。つまり、もしも返済ができなくなった場合は、担保になっている土地と建物を取り上げて売却すれば、貸した分の金額くらいは回収できると判断するからです。だから、貯金を1円も持っていない人にでも貸してくれるのです。

私を担当してくれている地銀の支店長がこんなことをおっしゃっていました。

「普通に商売する人にお金を貸す場合、万が一その商売が失敗したら、資金がゼロになって返してもらえなくなるリスクがあります。けれど、不動産賃貸業の場合は、倒産することがほとんどありません。また、いざという時には物件という担保があるわけです。だから、商売する人に貸すよりも、よっぽど安全なんです」

わずかな勉強とツボを押さえれば、頭金なしでもスタートできるのが不動産投資の素晴らしい点なのです。

質問8 会社が副業禁止です。職場に内緒でできますか？

多くの会社では副業が禁止とされています。ですから、不動産投資も副業にあたるからNGだと思われる方が多いようです。しかし実は、不動産所得は遺産相続などで普通にあり得る副収入です。

あまり積極的にやっているように受け止められると、副業と見られてしまうかもしれませんが、あくまでも「偶然に得た副収入源」と位置づけていれば、会社として禁止することはできません。

不動産収入など、会社以外から得る収入がある人は、その源泉徴収票をもとに、2月〜3月に自分で確定申告をしなければなりません。

確定申告を受けた税務署は、その所得額を勤務先に連絡します。つまり、人事部や総務部のような給与計算をする部署には、あなたが確定申告をしたことは必ずわかります。しかし、なぜ確定申告をしたのか、その内容はどういうものか、というところまではわかりません。

万が一聞かれても、「親から相続した不動産収入がある」という答えでOKです。勤務先の労働規約か勤務規定に、「不動産で収入を得ることを禁止する」という文言さえなければ大丈夫です。

質問9 なぜ不動産会社の人は自分で物件を買わないの？

収益物件の購入をすすめる不動産会社の人が、「これはお買い得ですよ」と言っておきながら自分で買わないのはおかしいじゃないか？

そんな意見を聞くことがあります。確かに、そんなに良い物件で絶対に儲かるというのなら自分で買うはずでしょう。この点について、私が感じたことをお伝えしましょう。

不動産会社の人も、キャリアの長い人や職務のポジションが高い人は、収益不動産を1~2棟は持っている人がザラにいます。ではなぜ、良い物件を片っ端から買い続けないのでしょうか。それは、属性が特別に高いわけではないからです。

「属性が高い人」というのは、主に年収700万円以上、公務員か一部上場会社にお勤めの方、そして現金で3000万円以上持っている方をいいます。

不動産会社の社員も、金融機関がお金を貸してくれさえするなら、どこまでもやりたいというのが本音ですが、上場企業に勤務していない限り、なかなか思うように融資の承認がもらえないのが買えない理由の一つです。

「この担当者は、本気で良い物件だと思ってすすめているのだろうか?」という、**感情的な基準ではなく、きちんとデータで判断すべきです。**

その正しい判断基準を、この本ではしっかりお伝えしていきます。

そして、その基準をしっかり伝えることができれば、親身になって斡旋してくれる担当者と出逢える確率も高まるのです。

Chapter.

2

資産家になるための不動産の選び方

物件の種類は、どれが一番いいの？

不動産投資で成功するための要素は2つだけです。

1．良い物件を見つける

2．お金を借りる

たったこれだけですが、いずれもコツがあります。

この章では、1つめの「良い物件の見つけ方」をお伝えします。

物件の種類には大きく分けて4つあります。

まずは4種類の物件それぞれの特徴を簡単にまとめておきましょう。

①ワンルームマンション　《800万円～2000万円》

家賃：5万円～10万円／月

管理費・修繕積立金はオーナー負担です。1部屋しか持っていないと、退去時には収入がゼロになることを覚悟しておくべきです。

ワンルームマンション投資は、融資を使わないで購入することが理想です。

また、複数所有すればリスクを分散できるでしょう。

②一戸建て《300万円〜5000万円》

一戸建ては物件の絶対数が少ないです。

そもそも収益不動産として建てられていないことが多いため、地形・立地・利便性など、自分で分析する力が求められます。

一度入居者が入ると、家族世帯はなかなか引っ越さないので、安定した収益が見込めます。ただし、ワンルームマンションと同じく、資産価値が低いため、融資を使わないで購入し、ゆとりの範囲で所有するのが望ましいでしょう。

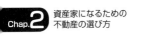

③木造アパート《2000万円〜9000万円》

1、新築アパート

新築の場合だと、自己資金ゼロでも全額を融資で賄うことが可能です。

修繕費・維持費が少ないので管理運営は容易です。

ただし、返済が終わるまで、大きな利益を得るのは難しいでしょう。

老後の年金を補完するための購入や、生命保険代わりとして所有することをおすすめします。

2、中古アパート

物件価格が安いため、利回りが高く、投資効率が良いです。

ただし、担保価値が低く、融資が厳しいため、自己資金が必要になる場合が多いです。物件ごとのメリット・デメリットをしっかりと把握できる、ベテラン大家さん向きです。

④ RCマンション　7000万円～5億円

個人投資家が購入できるのはほぼ中古物件のみですが、それでも高い資産価値が持続でき、収益不動産の代表格と言えます。

物件と借主の属性により、融資の金額はさまざま。

不動産投資業界で、最も物件数が多く、頻繁に売買が行われています。

RCを制する者は不動産投資を制すると言えるでしょう。

※RC……鉄筋コンクリートの意

ワンルームマンション投資はなぜダメなのか?

「マンションを買いませんかっていう電話がかかってきます。やってみる価値はあるのでしょうか?」

こういった相談は、とても多いです。

ワンルームマンション投資の営業電話は、就業時間中にさえかかってくることがあります。

それは、ワンルームマンションが、一般のサラリーマンにとって最も買いやすく、営業のターゲットになりやすいからです。

一般的なワンルームマンション購入を、専門用語で「区分所有」と言います。

価格も800万円~2000万円程度で、本書ですすめるアパートや一棟マンションに比べれば、お手頃価格に映ります。

マンション1部屋なら、あたかも自分の家を買うようなつもりで、住宅ローンと同じイメージが持てます。新築であれば金融機関も比較的融資しやすいです。ですから、自己資金が無くてもローンだけで買えてしまうケースが多いです。

手持ち資金が少ない初心者でも購入しやすいので、「気軽に始められますよ」というセールストークについつい乗ってしまうと、後で大変な目に遭います。

なぜワンルームマンション投資がダメなのか、理由をまとめてみます。

①新築ワンルームマンションの価値は、買ったとたんに下がる

新築マンションの売買価格には、販売時の莫大な広告宣伝費が上乗せされています。したがって、物件の価値は、ほんの数年で、購入時点の価格よりも20〜30％も下がることが多いです。

②空室になった時の収入は、ゼロどころではなくマイナスになる

1室しか持っていないマンションの入居者が退出してしまうと、次に新しい入居者が入るまで、当然ながら収入はゼロになります。

物件購入のためにローンを借りていたりすると、ローンの支払いは全額自己負担になります。加えて、管理費や維持費は、空室であろうが関係なくオーナーが負担しなければなりません。ワンルーム投資は、ゼロか１００かの大バクチなのです。

③節税対策になるのは最初の1年くらい

「給与収入から、支払った所得税が還付されますよ」

そんな甘いセールストークに乗っかる人は多いです。

しかし、マンション１室の収入から必要経費としてマイナス扱いになるのは、不動産取得税と減価償却費のインパクトが大きい最初の１、２年だけです。

３年目以降は、収入が増える分、きっちり税金を支払うことになります。

④手元に残るのはわずか数万円

ゼロか１００かのリスクを背負っても、手元に残るお金は月々数万円です。たとえば、月収100万円くらいの「夢の不労所得生活」を得ようと思ったら、最低でも30部屋以上の所有が必要になります。

このような4つの理由で、将来事業規模を大きくしていこうとするのなら、新築ワンルームマンション投資はおすすめしません。

買う時には、セールスマンのすすめに乗って契約したものの、マイナス収支のまま売却せざるを得なくなる。そんな事態に陥った人を何人も見てきました。

ワンルームマンション投資をやるなら中古が原則です。さらには、銀行からの融資を受けずに現金で買える人向きです。

ローン返済の額が少なければ、空室になっても耐えられますし、メンタル的にも折れずに維持できます。ただ、ワンルームマンションを買うお金があるならばそれを自己資金として、もっと大きな1棟ものを買う方が、ずっと収益を拡大できます。本書ではその方法をお伝えします。

最初にチェックするのは「利回り」

不動産を購入しようと物件を探す時、最初に見るのが「利回り」です。不動産業界での「利回り」とは、物件価格に対する家賃収入の割合のことを言います。利回りには**表面利回りと実質利回りの2種類**があります。表面利回りの計算式は次のとおりです。

表面利回り＝満室時の年間家賃収入÷物件価格×100

例えば1億円の物件で、満室時の家賃収入が1000万円の場合、表面利回りは10％です。同じく満室時の家賃収入が800万円の場合、表面利回り8％となります。もちろん利回りは高い方が良いです。それはつまり、物件価格が安いか、または家賃が高いか、いずれかである必要があります。

2016年の不動産市況では、数年前に比べて物件価格が高騰しており、大体7～8％が平均の利回りです。利回り9％を超えるものが出るとあっという間に売れてしまう現状が続いています。東京23区内の物件だとさらに低くて、平均利回り4％程度。高くてもせいぜい6％程度です。それでも銀行に預けるよりはるかに「高利回り」なので、現金をたくさん持っている人は、不動産に投資した方が効率が良いのです。

ただし、一般的に表記されている利回りは、「表面利回り」であることに注意してください。**表面利回りは、購入時の諸経費や取得後の管理費のことを考えていません。**投資対効果を正しく捉えるなら、税金や仲介手数料など物件取得にかかる経費も合わせて考慮すべきです。また、物件を維持するためには管理費や税金がかかります。

それらの実質的な費用を算出し、**実際の投資額に対してどれだけリターンがあるかを表したものが、「実質利回り」です。**実質利回りの計算式は次のようになります。

実質利回り＝（年間収入－諸経費）÷（物件価格＋購入時の諸経費）×100

1億円の物件購入時に諸経費が700万円かかり、年間の家賃収入が1000万円で諸経費が200万円だとしたら、実質利回りは7・5％となります。表面利回りだと10％ですが、実質利回りだと2・5％ほど下がりました。これが現実的な利回りです。

築年数はどれくらいのものを選べばいいの？

収益不動産を選ぶ際、利回りの次に着目されるのが、「築年数」です。もちろん新しければ新しいほど良いのですが、新しいものは価格も高くなり、利回りも下がります。

ですから、古くて安くて、利回りの高いものを探すということになります。

では、どの程度古いものを選べばよいのか？ その基準になるのが「法定耐用年数」です。各建物には、その構造に応じて法律で定められた「耐用年数」というものがあります。

法定耐用年数

・木造……………………22年
・軽量鉄骨造……………27年
・重量鉄骨造……………34年

・RC造……………47年

銀行などの金融機関は、この法定耐用年数をベースに、ローンの返済期間を算出します。例えば、築10年の木造アパートの場合、法定耐用年数の22年から10年を引いて、残存年数は12年と計算されます。12年が最長返済期間となります。

築25年のRCマンションの場合、法定耐用年数の47年から25年を引いて、残存年数は22年です。この**引き算された数値**が、金融機関からの融資期間の目安になります。ですので、築10年の木造アパートより、築25年のRCマンションの方が、銀行から長い期間、お金を借りられるということです。**融資期間はできるだけ長い方が月々の返済額が安くなって経営がラクになります。**

また売却する際にも、残存年数が残っている方が、買う人が融資を受けやすくなるので、売りやすいということです。

このように「築年数」は、融資期間に関係する重要な指標です。ですので、物件をご覧になる際は必ずチェックしましょう。

不動産購入時の諸経費はどれくらいかかるの？

投資物件を選ぶ時、売買価格だけを見てしまいがちですが、他にもお金が必要になります。それは「諸経費」といって、大きく分けて次の5つが挙げられます。

諸経費の主な内訳

①仲介手数料

不動産業者に支払う謝礼です。物件価格の3％＋6万円と上限が決まっています。

②登記費用

所有権を移転したり、抵当権を設定するときの費用です。

③固定資産税の精算金

引渡しの日からその年の12月31日までの分を、日割りで清算します。

④管理費の精算金

引渡しの日の月末までの分を日割りで清算します。

⑤不動産取得税

購入してから2～3ヶ月後に税務署から請求が来ます。

細かいことは割愛して、**物件価格のおよそ7％くらいは諸経費がかかる**と思っておくと良いでしょう。

5000万円の物件なら350万円、7000万円なら490万円、1億円なら700万円です。

物件の評価方法の一つ「積算」を覚える

「今回の物件は積算が出ない」「この物件は売買価格よりも、積算の方が上回る」投資家同士はそんな会話をよくします。

積算とは、「物件ができてから、現在までの価値を金額に換算したもの」です。つまり「物件の時価」に相当します。次のように計算します。

①土地の値段の計算方法

土地は「時価」ですので、毎年更新される国土交通省の「全国地価マップ」で、物件所在地の路線価（㎡単位）を調べます。（http://www.chikamap.jp/commit.asp）その路線価に物件の土地の広さをかけ算します。例えば、路線価が7万円で、広さが100㎡であれば、「7万円×100＝700万円」が、土地の現在価値となります。

②建物の値段の計算方法

建物の値段は、それぞれの構造によって掛け率が変わります。

・鉄筋コンクリート(RC)……20万円/㎡
・重量鉄骨……………………18万円/㎡
・軽量鉄骨……………………15万円/㎡
・木造…………………………15万円/㎡

実際にいくらで建てられたのかは関係なく、あらかじめ定められたこの価格を当てはめることになっています。

たとえばRCの場合、延床面積が200㎡である場合には、
20万円×200=4000万円。これが新築時の建物の価格になります。
次に法定耐用年数のうちどれくらい期間が経過しているか、という比率を出します。
RCの法定耐用年数は47年ですから、その建物が築10年だった場合、残耐用年数は
47-10=37年です。そこで新築時の価格4000万円に、47分の37を掛けます。

従って、200㎡・築10年のRCは、

20万円×200×47分の37＝3149万円

これが建物の「現在価値」となります。これに、先ほどの100㎡の土地の現在価値700万円と合わせると、

700万円（土地）＋3149万円（建物）＝3849万円

これが土地と建物を合計した「積算価格」となります。

自分で計算するのが面倒な方は、シミュレーションソフトを使うとラクです。

（http://www.secret-mediate.com/sekisan/）

この積算価格を目安に、融資金額を決める金融機関があることから、積算価格が売買価格よりも「高い」と有利、となるわけです。建物の積算価格は年を経るごとに下がっていきます。

収益価格とは？

積算の他に、もうひとつ物件の価値を決めるものが「収益価格」です。

収益価格とは、利回りから逆算する物件価格のことです。

例えば、物件の家賃収入が年間で200万円だったとしましょう。そして、その近隣の不動産売買における相場の「利回り」が10%だった場合、

200万円÷10%＝2000万円

この2000万円が物件の「収益価格」になります。

近所の同じような物件の利回りが8%だった場合には、

200万円÷8%＝2500万円

利回りが5%だった場合には、

2000万円÷5%＝4000万円になります。

利回りが低ければ低い程、物件価格は高くなっていきます。

ですので、実際に東京都心など、物件価格が高騰しやすいエリアでは、結果的に利回りが低いのです。

「積算価格」と「収益価格」が、金融機関にとって担保価値を評価する重要な指標となります。この2つの算出方法を理解して融資に立ち向かうことが大切です。

新築木造アパート投資は定年後のために

初心者が投資しやすい木造アパートというのは、1棟で6室～8室のワンルームまたは1Kの建物です。そのような新築木造アパートは、大体5000万円～8000万円程度で売られていて、知識や経験がなくても、そして自己資金が少ない方でも比較的買いやすい物件です。

新築木造アパート投資のメリットをまとめると次のようになります。

① 入居者がつきやすい

最近はデザイナーズアパートといって、ロフトやメゾネットタイプのおしゃれな間取りが増えています。パッと見もよくて、入居者がつきやすいと言われています。

②融資が通りやすい

新築アパートだと、頭金がなくても、源泉徴収票を見せるだけで銀行がお金を貸してくれます。サラリーマンとして定職に就いていることは、銀行にとっては非常に信用力があります。

③家賃収入で返済をまかなえる

ローンを背負うことになりますが、ほとんどの場合、家賃収入で全額を賄うことができます。

④手元にお金が残る

新築だと満室にしやすく、毎月3万円~5万円が手元に残ります。

⑤修繕費が安上がり

新築なので、しばらくの間ほとんど修繕費はかかりません。また木造なので、修繕費がかかる時期が来ても比較的安く済む場合が多いです。

⑥売却利益が見込める

25年~30年の返済が終われば、土地と建物が自分のものになります。その時点で売却すれば、建物の価値は購入時よりも下がりますが、土地代だけでも数千万円の純資産が残ります。

⑦返済が終われば、大きな家賃収入になる

売却せずに持ち続けても、返済がない分、収入が飛躍的に増えます。大体月に30万円程度になるでしょう。年金の補填として活用ができます。

⑧ 保険代わりになる

借入時に「団体信用生命保険」に加入することにより、自分の身に何かあった場合には、ローン返済が全額免除になります。

普通に生命保険に掛け金を払い続けるよりも、不動産物件として持っていた方が、残された家族にも安定収入を残せます。

あなたが40歳なら、アパートローンの返済が終わる65歳頃には、毎月30万円程度の収入が確保されるというわけです。これで一般的な年金対策は充分でしょう。

結論として、新築アパート投資が向いている人は次のような方です。

今は大きな収入は要らない。けれど、定年後の生活資金に備えたい。そういったサラリーマンに、新築アパートはおすすめの物件です。

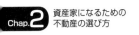

資産家になりたいなら新築木造アパートはやめなさい

大きな収入が要らない人には新築木造アパート投資で充分です。

でも、「サラリーマンをやめて、自由を得るために不動産収入を得たい！」という目標をお持ちの方には、新築木造アパート投資はおすすめしません。

新築木造アパートは、ワンルームマンションの次に取り組みやすい形態です。価格も手頃で、住宅ローンと比較してもそれほど大差なく、さらに「収益物件」ですから、返済は家賃でまかなえます。

土地を持つことで、長い目で見た時に資産価値が安定しています。

ですが、その先に物件をもっと買い進めて、キャッシュフローを増やす、つまり手残りを増やしたい場合には、時間がかかりすぎます。

かつて私も木造アパートを2棟所有し、それぞれ6室と8室でした。部屋の間取りは1Kでロフト付き、家賃は6万円でした。

当然、学生や単身赴任者が多く、居住年数がおよそ2年から4年です。これはつまり、入退去の機会が増えるため、どうしても空室になる期間があります。

もし6室中の1部屋が空くと、6万円の収入が減ります。次の入居者が決まった時に、仲介手数料1ヶ月分を不動産屋に支払うと、さらにマイナス6万円ですから、合計12万円が減ります。

礼金1ヶ月分を入居者からもらえればよいのですが、単身世帯は競合が多いので、最近は、「敷金・礼金0円」で募集することが多くなっています。

また、募集時期を逃すと、平気で半年以上空室のままとなり、その時は6万円×6ヶ月＝36万円を失います。年間を通じても、ほとんど手残りがなくなります。

こうなると、次の物件を買う時に、また頭金がないので融資がますます厳しくなります。

- **キャッシュフローは大して残らない**
- **空室が出ると埋めるのが大変になる可能性が高い**

・当面の間、資産価値がローン残債を下回るため、次の融資を受けることが厳しい

このような3つのデメリットが新築木造アパートにはありますが、それでもゆっくりとじっくりと物件を所有していきたい、もしくは短期で売却益を狙いたいと考える方向きです。

買いやすい反面、リスクもよく理解しておくべきですね。

中古の木造アパートはベテラン大家向き。素人がうかつに手を出すと危ない！

「新築なんて無理。私はお金が無いから頑張っても中古が精一杯」

そんなことをおっしゃっているあなた。さらに大きな罠にハマりますよ。

なぜ中古の木造アパートをおすすめしないのか、その理由をまとめてみます。

①中古木造アパートには銀行がお金を貸したがらない

銀行の立場で考えてみると、もしもローンが返せなくなった場合、新築に近い物件を売るのと、ボロい中古物件を売るのと、どちらがお金を回収できるでしょうか？

言うまでもなく、新しい方が資産価値が高くて、中古物件は担保価値が低いのです。

自己資金が無くて物件を買いたい場合には、中古よりも新築の方が、融資が出やすいのです。

② 中古木造アパートは価格が安い

中古には中古の魅力があります。それは、新築よりも安いということです。具体的に比較してみましょう。買いたいアパートの規模が6室で、新築は1棟6000万円、中古なら4000万円だとします。

それぞれに家賃収入想定を見てみると、

新築の場合：家賃　6万円×6室＝36万円×12ヶ月＝432万円

中古の場合：家賃　5万円×6室＝30万円×12ヶ月＝360万円

利回りを計算してみましょう。

新築の場合：432万円／6000万円＝7・2％

中古の場合：360万円／4000万円＝9・0％

家賃というものは、中古だからといって急激に半額になったりはしないので、建物自体の価格差ほど下落しません。したがって、利回りは中古の方が高くなるのです。つまり、投資効果が大きいのです。しかも、安くてボロくて空室の多い物件ほど、販売価格は安くなります。

ただし、ベテラン大家さん向きです。ボロくなって誰も寄り付かなくなった空室を埋めるだけのノウハウを持っている人にとっては、とてもやりがいのある投資となります。

ベテランの不動産投資家は、あえて木造の中古物件を狙い、安く買い叩きます。そして自分のセンスで部屋をリフォームし、外観をキレイにして、ターゲットに合わせた魅力的な物件に生まれ変わらせます。これができれば、利回り15％とか20％以上にもなり得ます。利回り20％ということは、単純計算では5年で元が取れます。

結論として、木造アパートを買う場合には、リフォーム次第で満室にする自信がある方に向いています。

初心者で、生命保険代わりや年金代わりとして投資をしたい人、リフォームのノウハウがわからない方にはおすすめしません。

投資するならこれしかない！ＲＣ造マンション

「サラリーマン生活から脱出できるだけの不労所得を手に入れたい！」
「悠々自適の生活を送りたい！」
「子どもに十分な教育を受けさせてあげたい」

そう思う方には、ＲＣマンションの1棟買いがおすすめです。

不動産業界では構造材によって物件の種類を分けるようになっており、ＲＣ造、鉄骨造（Ｓ造）、ＳＲＣ造などがあります。最も多く市場に存在しているのがＲＣ造です。潤沢にキャッシュフローを増やしていきたいなら、ＲＣ1棟マンション投資です。

ＲＣマンション投資がベストな理由

① 法定耐用年数が47年と長いため、銀行がお金を貸してくれる期間が長い。返済期間が長いと、月々の返済額が低くなるので、手残りをより多く生み出せる。

②頑丈なので遮音性も高く、入居者から人気が高い。
③物件の価値が下がりにくく、銀行の評価も高いので、融資額も多くなる。
④部屋数が多いと、空室が出ても全体の収入に与える影響を抑えられる。
⑤資産価値が高いため、次の融資を受ける時に有利になるケースが多い。

私は、最初に購入した木造アパート2棟を売却して、現在はRC物件のみを所有しています。木造を売却したのは、手残りがほとんどなかったからです。

短期間で資産を増やしたいのなら、最初から中古RCマンションを買うことをおすすめします。

RC1棟ものは、数年で資産を構築できる最適な不動産なのです。

ワンルームとファミリータイプなら、どちらがいいの？

物件を購入する時、間取りはどんなものがいいのか迷う場合があります。「自分が住むなら」という感覚を持ってしまう方がいますが、残念ながらそれはあまり意味がありません。好みは人それぞれだからです。

「物件概要書」を見て、「間取り」の欄に「１Ｋ」とか「○ＬＤＫ」などの表示を見て、それが良いのかどうか判断つかない人もいるでしょう。

そんな方のために、部屋のタイプによる、メリットとデメリットを簡単にまとめてお伝えします。

◎単身世帯向けワンルーム・1K

独身者や単身赴任者が中心で、部屋の入退去が激しい。つまり入居付けをしやすい反面、退去も早いということです。

【単身部屋のメリット】

・退去した時のリフォーム代が安い
・比較的、客付けがしやすい
・家賃単価が安い

【単身部屋のデメリット】

・単身者は、卒業や転勤、結婚など、退去するきっかけが多い
・契約期間は大体2年。更新時が退去のきっかけになりやすい
・入居付けの時期が、卒業や転勤のシーズンである3月や9月に偏ることがある
・部屋数が少ないと、空室が出たときの収益に与えるインパクトが大きい

◎ファミリータイプ

家族は一度住んだらなかなか住居を変えないので、たいていは長く住んでもらえます。

その代わり、選ぶ時にはより慎重になるため、競合物件との比較も厳しい目で見られるという側面があります。

【ファミリータイプのメリット】

・一度契約すると、長期にわたって住み続けてもらえる

・駅から遠くても、敷地内に駐車場がある物件なら十分に需要がある

【ファミリータイプのデメリット】

・いったん退去されると、長年住んだ室内の傷みが激しいことと、部屋が広いこともあり、リフォーム代に50万円くらいかかる

・比較される競合は、他の賃貸よりもむしろ分譲マンションや一戸建て。入居者は

「家賃を払うか、それとも家を買おうか？」と悩まれるので、グレードは高いレベルで維持しなければならない。そのために、設備にもある程度の費用がかかる

このようにメリット・デメリットがあります。

どちらが良いかといえば、投資家でも意見が割れるところです。

私はワンルームタイプで1棟（40室）、ファミリータイプを2棟（15室・29室）所有していますが、年間を通じて退去や修繕のタイミングがバラけており、ちょうど良いバランスを保っています。

どちらのタイプも一長一短がありますが、あとはその地域の需要を睨んで選ぶことも重要です。

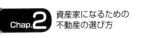

物件を決める時の最重要指標はキャッシュフロー

「キャッシュフロー」とは、家賃収入から経費等の支出を差し引いたものを言います。手元に残るお金のことです。「手残り」とも呼びます。

物件を所有している間にかかる経費には、次のような種類があります。

①不動産仲介会社への費用（入居者付けをするときの広告費や仲介手数料）
②管理会社への費用（家賃管理や、清掃費・エレベーター等の保守点検費）
③修繕費（退去時のリフォーム費用や突発的な修繕費）
④維持費（電気料金・水道料金・インターネット・ケーブルＴＶなどの費用）
⑤税金関係の費用（固定資産税・不動産取得税・税理士報酬など）
⑥借入金の返済

これらの経費を、仮に家賃収入が年間１０００万円の物件で算出してみましょう。

1. 管理費……200万円（家賃収入の20％）
2. 返済額……500万円（同50％）
3. 税金……60万円（同6％）

この経費を家賃収入からすべて差し引くと、手残りは240万円となります。この手残りが「キャッシュフロー」です。

このキャッシュフローに最も大きく影響するのが「返済額」です。返済額は、「ローン金利」と「返済年数」によって変わります。

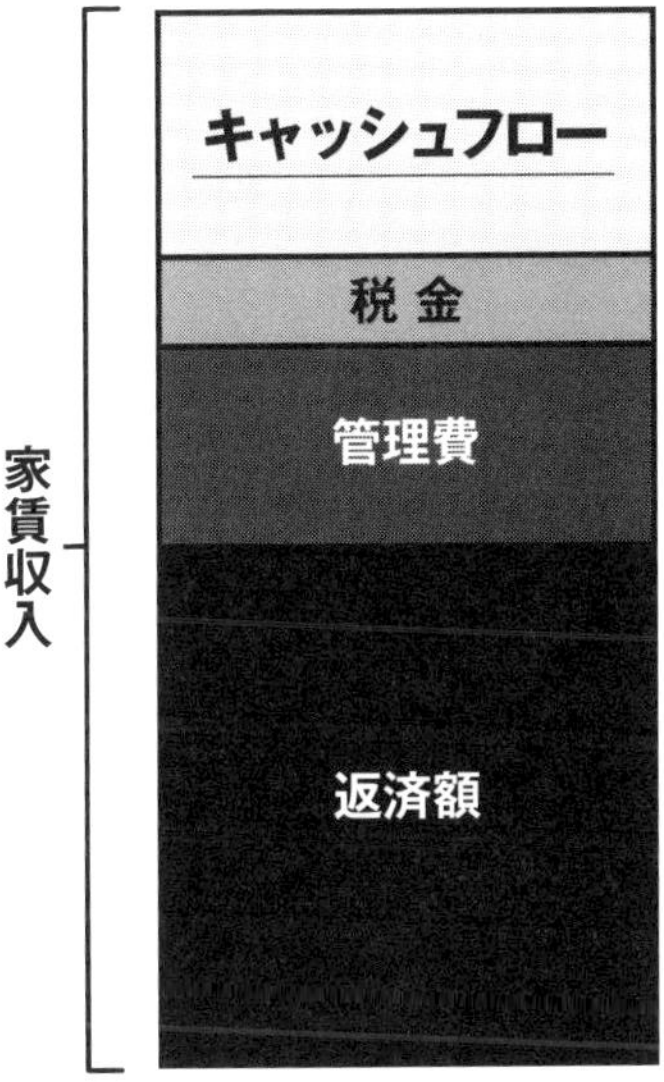

キャッシュフローがいくら得られるのか、
家賃収入の何%になるかが最も重要！

つまり、金利が低いか、返済年数が長い。
このいずれかであれば、「返済額」が減り、キャッシュフローが改善するのです。

次に影響するのが管理費です。

「返済額」と「管理費」は、キャッシュフローを高めるために、常に意識しておかなければならない経営改善の項目です。

Chapter.

3

収益が上がる物件の見極め方

専門サイトを使いこなして物件を見つけよう！

優良物件を手にするためには、信頼のおける不動産会社の営業マンと仲良くなることが一番の近道です。優良物件というのは、収益力のある物件という意味です。そういった営業マンと知り合うには、まずはインターネット検索です。

収益不動産の専門サイトで検索してみましょう。最も代表的なものが、「楽待《らくまち》」です（http://www.rakumachi.jp/）。このサイトで、自分の買いたい物件の条件を入力すると、売りに出されている物件がズラーッと表示されます。

物件の希望条件として、いくつか重要なキーワードがありますので、一つずつ解説していきます。

①場所

検索する時は、場所は限定しないで「空欄」にしておきましょう。自宅から近いからといって有利なことがあるわけではなく、可能性を広げるという意味でも場所にはこだわらないことです。

②利回り

選択できる数値は「5％以上」から1％きざみで「20％以上」まであります。

利回りが高くなる分、物件数が少なくなっていきますが、できるだけ「9％以上」を選択しましょう。

どうしても9％では物件が出てこない場合には、8％にしてもいいのですが、その代わり金融機関から1％台の金利で融資が引けるケースとセットで考える必要があります。

③物件種別

「1棟アパート」「1棟商業ビル」「戸建賃貸」「区分マンション」「土地」と、さまざまな選択肢がありますが、我々の場合は「1棟マンション」のみで探します。

④築年数

新しい物にこだわると利回りが低くなり、収益を出せる物件は少なくなります。築年数は「25年以内」くらいにしておくと、利回りも高いものが出てきます。

⑤建物構造

「RC・SRC造」「鉄骨造」「木造」「その他」とありますが、融資年数が長く取れるから迷わず、「RC・SRC造」を選択します。

以上を入力したら、他の項目は設定しないでください。条件をいろいろつけると、いつまでも物件が見つからなくなります。

成功の鍵は、返済比率のシミュレーションにあり！

「楽待」を利用して検索すると、良さそうな物件がいくつか出てきます。気になった物件があれば、すぐにクリックして詳細表示にしましょう。

「物件価格」、「利回り」、「築年数」を元に、収益が見込めるかどうかを判断します。この作業が、私を資産家にしてくれたといってもいいくらい、とても重要です。

ローン返済額の算出は、ネット上のフリーソフトを使うか、金融専用の電卓で簡単にできます。私は金融電卓を使っています。

借入額・金利・返済年数で月々の支払額を計算して、金利と返済年数をいくつかのパターンでシミュレーションします。では、具体的にやってみましょう。

シミュレーション例

検索で出てきた物件が、1億円、利回り9％、築22年のRC造マンションだったとします。

・融資金額：1億円＋諸経費7％＝1億700万円
・家賃年収：1億円×9％＝900万円
・返済期間：47年－22年＝25年
・借入金利：4・5％もしくは2・0％

これらの情報を金融電卓に打ち込むと、あっという間に年間返済額がわかります。

・1億700万円を4・5％で27年返済の場合、年間返済額は713万6880円
・1億700万円を2・0％で27年返済の場合、年間返済額は544万2288円

ここで見るべきは、「返済比率」です。家賃年収のうち、どのくらいの割合が返済

に回るのかということです。
借入金利4・5%の場合　713万6880円÷900万円＝返済比率79・3%
借入金利2・0%の場合　544万2288円÷900万円＝60・5%
金利が4・5%と2・0%では、返済比率に15・8%も差がついてしまいますね。金額では約170万円もキャッシュフローに影響があります。

返済期間も重要

返済比率は、金利差だけでなく、返済期間も大きく影響します。

①返済期間30年だと60・8%
例えば、家賃収入1000万円に対し、借入金利が4・5%で、返済期間が30年だった場合、年間返済額は約608万円です。

608万円÷1000万円＝**返済比率60・8%**

返済比率が60％であれば、あと40％の余力がありますので、そこから管理費や修繕費、税金等を支払っても、少しは手残りがあるでしょう。

②返済期間35年だと56・8％

では同じ条件で、借入金利が4・5％で、融資期間が35年の場合には、年間返済額は約568万円。

568万円÷1000万円＝**返済比率56・8％**

56％くらいの返済比率になれば、大きな不安は払拭されます。

返済期間が5年延びるだけで、随分と改善されることがわかります。融資金額が5000万円安くなるよりも、返済期間が5年延びる方が、返済比率は低くなるのです。

③金利2・0％でも、返済期間15年だと77・2％

次に、また同じ条件で、借り入れ金利が2・0％で融資期間が15年だった場合、年間返済額は772万円。

772万円÷1000万円＝**返済比率77・2％**

こうなってしまうと、収入の7〜8割を返済に充てていることになり、1部屋でも空室が出ると、あっという間に赤字に転落する危険をはらんでいます。

つまり、たとえ金利が低くても、借り入れ期間が短いと、年間返済額は大きくなります。

すると、家賃収入に占める返済額の割合（＝返済比率）が大きくなります。そして結果的に空室や修繕に対応しきれなくなります。

返済期間はできるだけ長い方が良いということが、これからもわかりますね。

返済比率は何％以下ならいいのか？

私のこれまでの経営実感では、返済比率が80％というのは、総戸数のたった5％が空室になっただけでも赤字になってしまうリスクを抱えます。20室中の1室です。

赤字とは、自分の手持ち資金を、借金返済に充てなければならなくなるということです。

返済比率は65％がギリギリのボーダーラインと言えるでしょう。

これでも、もしも空室が15％くらいになると、赤字になるリスクが高まります。50％以下であれば比較的安全なので、それが実現できる金融機関を探すか、自己資金を入れて返済額を減らすなどの努力が必要です。

要は「利回り」だけに捉われるのではなく、金利や返済期間との兼ね合いで「返済比率」もしっかり見て、その物件の収益性を判断していくことが大切です。

キャッシュフローは、借入金利次第

返済比率の次に確認すべきは、キャッシュフローです。

今度は「利回り」と「借入金利」の関係を使って考えてみましょう。

返済期間は残存耐用年数に依るところが多いので、ある程度決まってしまいます。

従って、ここでは返済期間を固定したと仮定して、利回りと金利の組み合わせのみにフォーカスします。

例えばフルローンで物件価格と同じ額を借り入れるとします。
その時、家賃収入の利回りが11％で、借入金利が4・5％だった場合、
11％－4・5％＝6・5％となります。
つまり6・5％がローンを差し引いた後の残りになります。

一方、利回りが8％で、借入金利が1・2％だった場合、

8％−1・2％＝6・8％

となり、6・8％が手残りになります。

利回りが低くても、借入金利によっては利益が残ります。

利回りが高い素晴らしい物件を見つけても、銀行の金利しだいでキャッシュフローは大きく変わるのです。

目安として、実額で物件価格1億円あたり、年額2００万円のキャッシュフローがあれば、かなり前向きに検討するのが良いでしょう。

キャッシュフロー比率

キャッシュフローは実額2００万円というだけでなく、家賃収入に占める割合も重要です。その比率を「キャッシュフロー比率」と言います。

キャッシュフロー比率は少なくとも20％以上は欲しいです。30％以上あれば最高です。

「返済比率」も「キャッシュフロー比率」も、正しく算出するには金融機関の借入金利と返済期間の情報が必須です。

まだどの金融機関に融資してもらえるかわからない場合には、残存耐用年数に沿った返済年数を基準として、金利4・5％、2・5％、1・5％の3パターンくらいで計算しておきます。

慣れてきて大体の金融機関の予測がついてきたら、より精度の高いシミュレーションができるようになります。

未公開の優良物件を見つける方法とは？

ネット検索で物件を見つけてシミュレーションした結果、優良物件だと判断したら、早速不動産会社へ連絡しましょう。「お問い合わせ」のボタンを押すと、取扱い不動産会社へのメール画面になります。

必要事項を記入する欄がありますが、「適当な内容を書いておこう」などと思うと損をします。自由コメント欄もフル活用して、不動産会社の営業マンが連絡したくなるような人物として、自分をアピールしなければなりません。

自分をアピールしよう

「すぐに買うつもりでいます」
「融資審査の資料はすべて揃えています」
「ぜひ一度お会いしたいので、いつでも御社に伺います」

「何時でも構いません。電話でもメールでも、お待ちしています」

このように、相手の立場を考えて、「かなり本気のお客さんだ」と思ってもらえる内容にすることが大事です。

なぜなら、良い物件であればあるほど、他にライバルである買い手がいるからです。ピンと来た物件があれば、1秒でも早く、問い合わせをするべきです。

コメント欄に、「いつでもお電話ください！　すぐに伺います」くらいの臨場感で表現すれば、その日か遅くても翌日には連絡が来ます。

未公開の物件を紹介してもらうには？

さて、ここからが本番です。

連絡があったらできる限り早めに、直接面談を提案しましょう。人とのコミュニケーションは、電話よりもメールよりも、直接会って話す以上に効果的なものはありません。とにかく会いに行ってください。

そして次に、検索した物件の説明を聞いてください。聴くポイントは次の通りです。

現在の入居状況、修繕履歴、固定資産税、想定している金融機関、金利、融資期間、その他条件など。

ここまでスムーズに進めばいいのですが、ほとんどの場合、ここから前に進みません。なぜなら、楽待に掲載されている物件は、何か事情があって売れ残っている可能性が高いからです。

でも実は、その物件は、買えなくても構わないのです。

「楽待」で検索して、**不動産会社を訪問する本当の目的は、「収益物件を扱う不動産会社の担当者とつながること」**にあるからです。不動産会社の営業マンに自分のことをよく理解してもらい、「この人にはこの物件を売りたいな」と思ってもらうことがなによりも大切です。

そのためには、自分の条件に近い物件を扱う不動産会社に、自分のデータをインプットし、営業マンに顔を覚えてもらうことです。

すべては、次に来る「未公開物件」を優先的に案内してもらうためです。

では「未公開」というのは、どのようにして生まれるのでしょうか。

売り主が物件を売る理由として、「売却益を得たい」「他の物件に買い換える」「オーナーが高齢で管理が面倒になった」「相続のため」などがあります。特に相続時が狙い目です。

遺族が物件を相続するときには、相続税がかかります。その税金は現金で支払うものですから、いきなり不動産だけを受け継いでも、現金を持っていない人は相続税が払えなくなります。そこで、いくつか相続した土地・建物の何棟かを、至急売却しなければならないのです。

相続する人は投資家ではないので、素直に知り合いの不動産会社に相談に行きます。早く売りたい場合、当然ながら高利回り・高条件のお買い得価格が設定されます。こうして「未公開の優良物件」が誕生します。その情報を得た不動産会社の営業マンに、「あ、これならあの人に買ってもらおうかな」と優先的に紹介してもらえる努力をする必要があるのです。

物件を見に行ったら3つのチェック！

物件を紹介してもらったら、実際に見に行きましょう。例えば東京在住の人にとってその物件が札幌や福岡だったとしても、すぐに現場へ行くことです。

そして物件を見に行く時は、必ず仲介の不動産会社さんに案内してもらいましょう。

それでは、現場で最低限チェックしておくポイントをまとめておきます。

① 建物の老朽具合

ゴミがあり得ないところに集中して放置されていたり、ポストにダイレクトメールが山ほど詰め込まれていて周りにも散乱していることがあります。そんな時は、なぜ今そういった状況なのか、仲介会社さんを通じて確認しましょう。

次は、「クラック」と呼ばれるヒビ割れがどのくらいあるかもチェックしましょう。最近修繕したのはどの箇所で、これからいくらの修繕費用を見込んでおけば良いのかを、不動産会社に質問してメモしておくことも大切です。

物件の資料に「大規模修繕」と呼ばれる項目があります。これは屋上防水や外壁塗装など、雨漏り対策に関わる重要な項目です。物件を持ち続ける限り、絶対に避けられないことです。

大規模修繕は、大体15年に1度の割合で必要になってきます。その費用は物件の規模によって異なりますが、およそ1000万円前後と見ておくと良いでしょう。

ですから、この「屋上防水」を含む大規模修繕がいつ行われたのかによって、取得後の修繕費がいつ頃にいくらかかるのかを予測する必要があります。

購入してすぐに大規模修繕が必要なレベルであることが判っているのであれば、売買時にその費用分を値引いてもらうことも視野に入れます。

② 周りの環境

環境については、写真ではなかなかわかりません。現場で確認する価値があります。

「駅からの距離は近いのに、実は坂道だった」などは、資料ではわかりません。隣に墓地があったり、反社会的勢力の事務所があったりすると、客付けにかなり苦労します。

環境に何かしらの課題がある物件ほど、高い利回りで出ることがありますので、よく調査した方が良いということです。

③ 客付け不動産会社の話を聞く

空室の物件にお客様を連れて来て成約することを「客付け」と呼びます。客付けを中心に営業している会社を客付け不動産会社と呼びます。いわゆる賃貸の仲介業のことです。

お目当ての物件が、**客付けしやすいかどうかを調べるには、プロに聞くことです。その物件の近隣にある客付け会社に聞くのが一番です。これが現地に行く最大の理由です。**

かつて私が、実際に千葉県の物件を見に行った時のことです。キレイで積算も高いく、ぜひ手に入れたいと思って、現地の客付け会社を訪れました。するとその不動産会社さんは次のようなことを教えてくれました。

「あの物件は、キレイですすめやすいんですけど、60㎡のファミリータイプで家賃6万5000円ですよね。この辺では分譲住宅と比較して検討する方が多いんです。そうなると家賃にちょっとプラスの支払いで分譲住宅が買えてしまうので、なかなか借り手がつかないんです」

「なるほど、だから今、空室率が高いんだな」と納得。

そういう状況であるならば、魅力的な設備を入れるか家賃を下げるかのいずれかでメリットを出さなければいけません。すると今の利回りが大きく崩れます。それで私は購入をやめました。

現地の客付け会社に確認を取るためにも、必ず現地へ見に行くことです。

いよいよ買付を入れる

現地で物件を見て、特に問題ないことを確認したら、すぐに申し込みをします。購入の意思を表明する書面が「買付証明書」です。これを提出することを、「買付を入れる」と言います。

①買付証明書をただちに提出する

買付証明書には、物件名・所在地などの基本情報と、一番重要な「売買価格」、そして買付ける人の住所・氏名・押印が必要です。つまり「○○の物件を○○円で買います」という宣言書となるのです。

それから、買付証明書を出す場合には、〝**ローン特約条件付き**〟としておくことを強くおすすめします。

「ローンが通らなければこの買付は無効」という意味ですので、買主の意思に反して、購入をキャンセルすることになります。そうすれば手付金を支払っていても、通常は返金されます。

また、買付を入れた人が他にもいる場合には、ローン承認が得られた順番に商談成立していくことが通例ですので、自分の順番が何番目かを確認することも大切です。

②売り渡し承諾書をもらう

買付を入れて、買付順位が1番であったとしてもまだ安心できません。

過去に私は、買付1番手であったにも関わらず、ローンが承認された後、売主の都合で破談になったことが2回あります。どちらも売主が、他にもっと高い金額で買ってくれる人を自分で見つけてきてしまったケースです。それを少しでも回避するため、売り渡し承諾書をもらっておくことをおすすめします。

いい物件だと思ったら、この2つの行動を迅速に済ませてこちらの本気度を示しつつ、物件を確保することが大切です。

最大のヤマ場は融資！　審査に通る秘訣とは？

物件取得の最大のヤマ場であり、最後の難関とも言えるのが金融機関からの融資です。

①準備するもの

融資をしてもらうには、金融機関へ審査を依頼するところから始まります。
融資審査に必要な書類は次のようなものです。

・資産概要書
・略歴書
・運転免許証・保険証のコピー
・源泉徴収票　3年分

・確定申告書（申告している人のみ）　2年分
・借り入れがある人は、ローン返済表（住宅ローン含む）
・自宅を所有している人は、全部事項証明書（いわゆる登記簿謄本）

他にも何か社会的に貢献・活躍していることがあれば、その記事などを準備しておくと良いです。そして一番重要なことは、これらの資料を瞬時に提出することです。

物件を買いたい人、融資を受けたい人は山ほどいます。必要な資料が揃っていない人は、審査の順番が後回しにされてしまいます。

②金融機関の開拓方法とは？

融資の審査依頼のルートは主に2つあります。

一つは、自分で銀行や信用金庫に電話をかけて、アポを取って訪問する方法です。

もう一つは、仲介不動産会社を通じて、懇意にしている金融機関へ資料を提出する方法です。初心者は、仲介不動産会社さんのルートで申請した方が無難です。

しかし、そこだけだと融資が通らないこともあります。その場合は自分で金融機関を開拓する必要が出てきます。

まずは地元の金融機関か、不動産投資に積極的な銀行へアプローチします。ホームページで電話番号を調べて、できるだけ午前中の営業時間内に電話をかけましょう。午後や閉店間際では、営業マンが外出しているか超多忙である可能性がありますので避けた方が良いです。

調べた番号に電話して、「不動産投資をしている者ですが、いま購入したい物件がありまして、御社で融資していただけるかどうか、お尋ねしたいのですが」とアポを取ります。

「ウチは不動産に対しては融資をしていない」ということでもない限り、この段階で断られることはまずないでしょう。

この電話で、直接面談してもらう日程を決めて訪問します。

③融資を引き出すアピール方法とは？

用意した資料を、見やすいように1冊のファイルにまとめて持参します。特に大事なのは、物件の価値の高さを説明することです。

・常に満室に近い状態で稼働している
・修繕もしっかり行われ、非常に状態が良い
・交通の便や環境が良く、客付けにも困らない

など、継続運営する上で、いかにリスクが少ないかを中心に伝えます。

そして、一度取得したらずっと持ち続ける姿勢をアピールした方が好まれます。融資する側はできるだけ長期にわたってお金を貸し付ける方が儲けられるからです。

「何年かしたら転売を考えている」「儲からなかったら売れば良いと思っています」などは、NGフレーズです。

面談後から1週間程度で検討結果の連絡が来ますので、それを待つのみです。

もしも融資審査が通らなかったら、また始めからやり直す、という繰り返しです。審査が通るまでやり続けるのです。

Chapter.

4

自己資金0円！
融資を引き出して
不動産をどんどん増やす
テクニック

自己資金ゼロで億単位の資産をつくる秘訣はオーバーローンにあり！

私はもともと親からの遺産があるわけではなく、自己資金ゼロの、普通のサラリーマンです。恥ずかしながら貯金もまったくありませんでした。

でも昨年までに私は、総資産7億円、家賃年収6600万円を達成しています。そしてすべての経費を差し引いても、キャッシュフローは2000万円でした。月々にすると150万円以上が手元に残っています。

私は一度に7億円を借りたのではなく、2年半に渡り築き上げました。

1棟目　2億円の借り換え
2棟目　2・9億円の物件購入時に、3億円の融資
3棟目　2・1億円の物件購入時に、2・24億円の融資

最初からうまくいったわけでなく、多くの金融機関に断られ続けました。

「負債が大き過ぎますね」

「住宅ローン以外にこれほどの借金を抱えるなんて、リスクが高過ぎます」と、ハシにも棒にもかからない状況を繰り返しました。「無計画な負債まみれの状態ですね」と、屈辱的なことを言われたことも数えきれないほどです。

投資を始める前には、「貯金をさほどしてこなかったし、自己資金も将来のために使いたくない。だから、不動産投資なんて始められないよ」とも考えていました。

でも、投資を始めてから今までに、手持ち資金を1円も出していません。

融資してもらったのが、物件本体の購入資金だけでなく、諸経費分も含めた金額だったからです。

ではどうしたら、自己資金ゼロで資産を築けるのかをご紹介しましょう。

頭金を入れずに、不動産の購入価格の全額を融資してもらうことを「フルローン」と言います。

収益不動産を購入する際は、物件価格の7％程度の諸経費がかかります。1億円の物件なら700万円の諸経費がかかります。ですので、1億円を融資してもらって、諸経費分の７００万円は自分で用意する必要があります。

その**諸経費を含めた1億７００万円をまるごと融資してもらうことを、「オーバーローン」と言います。**

１円も使わずに資産をつくるには、銀行にオーバーローンを組んでもらえるかどうかがカギになります。

① 足りない分はノンバンクで借りる

諸経費の７００万円くらいでしたら、ノンバンクの無担保ローンで借りることができます。不動産会社とノンバンクが提携していて、「その物件を買うならば、無担保として貸しましょう」というローンがあるのです。

ただし、金利は5～6％以上になり、返済期間も10年以内が多いです。その返済金を充てても、マイナスにならない程度にキャッシュフローが残るなら、一つの投資スタイルとして成立します。

しかし、手残りがとても少なくなりますので、その分は繰り上げ返済をして、できるだけ早く完済することが望ましいです。

② 物件価格を上回る金額を、金融機関から融資してもらう

金融機関によっては、売買価格に関係なく、その物件に価値があると見れば、それに応じた額の融資をしてくれます。

例えば売買価格1億円の物件に対し、金融機関の評価が1億3000万円となった場合、その80％分を融資しても、1億400万円になります。そうなると、損かり敷金の引き継ぎや日割り家賃の受け取りなどを含めて、買主は1円も出さずに1億円の物件を手に入れることができるのです。これがいわゆる「オーバーローン」と呼ばれる融資方法です。

そうして私は5棟のうち3棟を、オーバーローンで購入し、他の2棟はフルローンで購入しました。

フルローン、オーバーローンができるかどうかは、物件価格を決める売主と、金融機関の評価方法・考え方によって左右されます。

ですので、常にそのような物件を探し続けることです。

また、**1つの銀行に断られても諦めずにいくつもの金融機関に持ち込んで交渉をし続ける根気が必要なのです。**

ただし根気だけではなかなか成功しません。

銀行へのプレゼンテーション力がとても重要です。

では、ここから先は銀行の目線に合わせた起死回生のプレゼンテーションのポイントをご紹介しましょう。

融資を受ける人はお客様

まだ経験のないうちは「どうせ自分はお金を持っていないし、貸してくれるところなんてないと思う」と考えるのも無理はありません。

しかし、そもそも不動産を現金で買える人はほんの一握りですし、本当にそうであるならば、ここ何年もの間、サラリーマン大家など生まれてきません。

不動産事業は、売る人・買う人・仲介する人・お金を貸す人、すべての人がハッピーになるビジネスです。

だからこそ、自信を持って、自分が見つけた不動産をアピールするべきです。そういう人に、金融機関はお金を貸したがっています。

・物件がある場所
・物件の築年数
・物件の価格

・物件の大きさ
・物件の特徴

この5つのアピールポイントを押さえれば、それだけで金融機関は話を聞いてくれます。

金融機関にとって、不動産融資を希望してくる人はお客様です。本来ならば営業マンが見つけてこなければならないお客様が、自分からやってきてくれているのです。

あとは「なぜあなたがその物件を買いたいのか」をきちんと話せれば大丈夫です。

金融機関の選び方

金融機関にはいくつかの特徴があります。あらかじめ知っておくべき情報をお伝えします。

① メガバンク

いわゆる全国に支店のある有名な銀行。三井住友、みずほ、三菱東京ＵＦＪなどです。物件の場所がどこであっても、融資の対象になります。借り入れ金利が１％台～１％未満ととても低く、ここで融資してもらうことができれば不動産事業としてはかなり安泰です。

しかし、それなりの信用力が必要で、年収や事業成績などの過去の実績や、物件価格の２～３割程度の自己資金が求められます。

② 地方銀行

千葉銀行、横浜銀行など、県や市の名前を冠した金融機関です。地元に密着した金融機関で、物件の場所が銀行の管轄エリア内にあることが原則。金利も1~2%台と比較的安く、事業の安定化に貢献します。不動産に積極的な銀行も多いので、メガバンクに比べてそれほどハードルが高くありません。

③ 信用金庫

信用金庫は個人事業主や零細・中小企業の味方です。地域が限定されますが、地方銀行よりもさらに融資が下りやすい傾向があります。金利は2~3%のところが多いですが、交渉次第です。特に1億円以下程度の小規模物件では可能性大です。

④日本政策金融公庫（国金）

「事業を営む者を前向きに救済していく」というありがたい方針の、国が運営する金融機関です。

民間の金融機関では融資が難しい人や会社に対しても、積極的に貸し付けを考えてくれます。

金利は2％台で、不動産事業には7000万円程度まで貸してくれます。

創業支援や女性経営者、30歳未満や60歳以上など、さまざまな特典制度も用意されています。

⑤不動産融資を積極的に行っているやや特徴的な銀行

スルガ銀行、オリックス銀行、静岡銀行など、不動産投資に強い銀行があります。

金利は3％台〜4％台と高めですが、物件の価値を先に評価して「さあ借りる人は手を挙げて！」といった感じのスタイルが特徴です。

不動産会社と密接に結びつき、紹介後、決済までのスピードが早いです。

以上は、あくまでも参考知識として把握されることをおすすめします。実際には個別事情により状況が大きく変わってきます。

また、**そのエリアの市況や時期で、各金融機関の考え方もよく変わります。同じ銀行でも支店ごとに違ったりもします。**

ですから、とにかくコンタクトを取り続ける姿勢が大切です。

融資は2つの判断ポイントで決まる！

銀行が融資を審査するときに、2つの異なる判断ポイントが存在します。

ほとんどの銀行には本店と支店がありますが、両者が見るポイントはそれぞれ異なるのです。

本店の判断ポイント

本店では、客観的事実で経営能力を測定します。

決算書と事業計画書を見て、いくらの融資が妥当で、堅実な返済ができるかどうかを検討します。

これから不動産事業を始めようという人にはまだ決算書がありませんので、年収・勤務先・勤続年数・自己資金・金融資産がベースとなり、購入しようとする物件の担保評価と収支予測がカギを握ります。

つまり、完全に「数字」で測る世界で、そこに温情や配慮は一切ありません。

支店の判断ポイント

一方、支店は何のために存在するのかというと、融資希望者に直接会って人間性を見るためです。支店では、主観的印象で信用力を見極めます。

なぜ不動産事業を始めるのか、これからどんな経営をしていきたいのか、将来は何を目指しているかなど、考え方や情熱の部分が重要になります。

銀行には一生懸命にやっている姿を見せてはいけない

銀行はいかに安全に、できるだけ大きな金額を借りてもらえるかを目指しています。**本店の客観的事実と、支店の主観的印象で総合的に決定します。**そしてこの両者のバランスは、銀行によって、時期によって異なります。

これまで、私が失敗した銀行においては、「客観的事実」を重視されました。「収入の割に負債が多い」「現在の所有物件はその銀行の収支シミュレーションではリスクが高い」という判定になり、まったく相手にされませんでした。

しかし最終的に、ある地銀で面談してくれた支店長が、前述の「支店の役割」を重んじて、私の考え方に耳を傾けて共感して納得してくれました。

では、どうすれば共感を呼び、納得してもらえるのか。そのアピールの方法をお伝えします。

私が借り換えのために初めて訪問した銀行は、紹介してくれた不動産会社さんから

「お墨付き」のところでした。「銀行さんも喜んで貸してくれるでしょう」というくらいの明るい見立てでした。

そこで私は、その銀行に気に入ってもらうため、猛烈なアピールをして失敗をしてしまったのです。

言ってはいけないNGフレーズ

熱い言葉その1

「こらからもどんどん買い進めて事業を大きくしていきます!」

熱い言葉その2

「不動産投資に人生を掛けています!」

熱い言葉その3

「貸してくれたら、貴行をメインバンクにします!」

これで気持ちを充分伝えたと、やりきった気持ちで返事を待つこと2ヶ月。

結果は予想に反してまったく逆の答えが返ってきました。

「現在の所有物件はリスクが高過ぎます」
「サラリーマンなのに負債額が大き過ぎます」
「せめてあと5000万円くらい返済が終わってから来て下さい」

そもそも2ヶ月も返事を待たせるという時点で、銀行が後ろ向きであることがわかります（当時は気づきませんでしたが）。

そして銀行の立場で物事を考えてみると、

・専門家でない人が、そんなに多くの不動産を買ってしまって大丈夫なのだろうか
・本業が疎かになってしまうのではないだろうか
・ちゃんと返済できるのだろうか

つまり「リスク」についてどれだけクリアできるのか、という視点で見るのです。

ですから、**「一生懸命やっている」**とか、**「規模を拡大したい」**などということには**まったく興味がないのです。**

銀行が好むのは、土地や資産をたくさん持っていて、経済的に余裕のある人です。

一日中休まずに働いたり、毎日ゆとりのない生活をしている人には、「いざという時にお金を返してもらえなくなるのではないか」という大きなリスクを感じるのです。

お金をきちんと返してくれる人には、それこそいくらでも貸したいのです。

そのことに気づくまで、私は数多くの銀行で失敗を繰り返しました。

そしてようやく戦法を変える必要があることがわかり、最後にトライした地銀では、まったく逆の姿勢を見せることにしました。

あなたが取るべき理想の姿勢

姿勢その1

「私は、空いた時間で不動産事業を営んでいます」

姿勢その2

「所有物件はほぼ満室稼働で、非常に安定した利益を生み出しています」

姿勢その3

「借り換えは、返済力を高めるために必要なことです」

借り換えの際には、最後の「返済力を高める」という言葉こそが、銀行が最も安心して納得してくれるアピールポイントなのです。

そして借り換えが成功して、金利が4・5％から1・2％になり、結果的に年間265万円ものキャッシュフローが改善しました。

これは1億円くらいの物件を、新規に購入したのと同じ効果です。

銀行によって考え方や求められる姿勢は異なってくると思いますが、基本は銀行の視点を持つことです。そして、できる限り数字を使ってロジカルに伝えることが肝心なのです。

銀行員の心を動かす2つの「比率」とは?

銀行サイドにとって、より説得力ある数字は、物件選びの時と同じく「返済比率」と「キャッシュフロー比率」の2つです。

この物件によって、現金がどれだけ残るのかという指標を「比率」で見せることが、銀行の経営視点に一致するのです。

返済比率の低さをアピールしよう

返済比率とは、家賃収入に占めるローン返済額の割合です。実額よりもはるかに大事な指標になります。

家賃収入が1000万円に対して、年間返済額が700万円なら、返済比率70%。

家賃収入が1000万円に対して、年間返済額が500万円なら、返済比率50%。

この「返済比率」が低ければ低いほど、返済に余裕があるということです。フルローンで物件を購入した場合、その物件の利回りが10％で、借入金利が4・5％、返済期間が30年なら、返済比率は60％くらいになります。

借入金利が2・5％で15年返済だと77％です。ここまで返済比率が高いと、家賃収入のほとんどを返済に充てていることになり、1部屋でも空室になるとたちまち赤字になってしまいます。

ですから、返済比率が低いことで余裕を持って返済ができることを、しっかりアピールすることが大事です。

キャッシュフロー比率の高さをアピールしろ！

もうひとつ重要な指標が「キャッシュフロー比率」です。

キャッシュフローの「実額」は、突発的な修繕費や空室を埋める際の広告費によって大きく変動します。ですから金額としては、数百万円単位での大きさにならないと、銀行が魅力を感じるほどではないのです。

その点、キャッシュフロー比率（%）を使えば、金額の大小に関わらず、経営指標として捉えてくれるようになります。

こうして家賃収入のうちどのくらいの手残りがあるのかを一目でわかるようにキャッシュフロー比率を算出しておけば、シンプルに物件の魅力が伝わります。

このように、銀行に対しては「手触り感のある数値」をベースに説明することが非常に有効です。

読者特別プレゼント

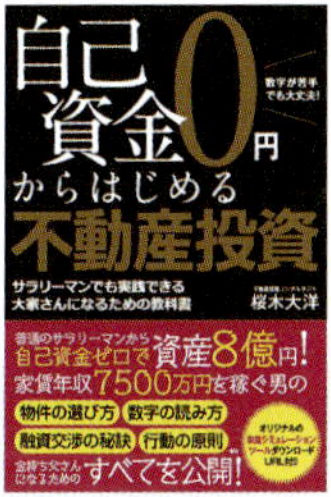

無料音声プレゼント（mp3）

ダウンロードはこちらから

http://sakuragi-juku/present1/

パスワード：tokuten

音声内容

サラリーマンだからこそできる不動産投資の真髄とは？

頭金なしでも不動産を取得する方法とは？

著者・桜木大洋が、本では伝えきれなかったことまで直接あなたにお伝えします。

約30分の、録り下ろし音声をダウンロードできます

完全オリジナル！初公開！　「返済比率」と「キャッシュフロー比率」が一発でわかる！

投資物件判定ツール「見極めくん」プレゼント（エクセルデータ）

ダウンロードはこちらから

http://sakuragi-juku/mikiwamekun/

パスワード：tokuten

投資判断に一番重要なものは、「返済比率」と「キャッシュフロー比率」が一目でわかる、著者オリジナルのエクセルツールです。

数字が苦手でも大丈夫！

わかりやすい入力ガイド付きだから、誰でもカンタンに使えます！

これさえあれば、不動産会社のセールスも銀行の支店長も納得！

著者自身が、不動産投資を始めた頃にこんなものが欲しかったという、とっておきのツールです！

「不動産投資をしたいのです」がNGな理由とは？

不動産投資の利益には、2つの種類があります。インカムゲインとキャピタルゲインです。

インカムゲインとは、物件を所有し続けることで家賃収入から得られる利益のことを言います。

それに対してキャピタルゲインは、物件を安く購入して、高い金額で売却することによって得られる利益のことをいいます。

銀行にとっては、インカムゲインが不動産経営の本質という見方をします。

なぜなら、キャピタルゲインを得るために物件を売却するということは、銀行にとってみればせっかく融資をしたのに、売れると同時に全額返済によって、融資をキャンセルされてしまうことになるからです。

商品で言うところの「返品」ですから、銀行にとっては営業実績がマイナスになります。ですので、銀行によっては売却を阻止しようとしたりします。印象が悪くなり、次からの融資に支障をきたすこともあり得ます。

キャピタルゲインを気にして、「この物件は、値段が上がったら売却するつもりです」などと安易に発言すると、不動産を株や証券と同じように扱っているものと見なされますので注意しましょう。

銀行のスタンスとしては、「投資」をする人になどお金を貸すはずはなく、不動産経営をする人に「事業資金」としてお金を貸してくれるのです。

不動産賃貸業は、経営者の手腕に委ねられる部分が少なく、誰がやっても大きな差が出ないこと。また、土地と建物を担保にしているので、いざという時に貸したお金を回収できなくなる心配がないという理由で、資金がない人にも貸してくれます。

一般事業の貸し倒れ率が2％くらいあるのに対し、不動産事業の貸し倒れ率は0・2％程度だそうです。他の事業よりも貸し倒れ率がずっと低いのです。このことを理解している銀行では、積極的に収益不動産へ融資をしてくれます。

銀行に対しては、自分の活動を「不動産投資」と言わず、「不動産賃貸業」もしくは「不動産経営」と表現すべきです。これも大事なポイントになります。

物件を買う理由の説明方法とは？

事業家としての信頼性を高めるには、「なぜその物件を買いたいと思っているのか」という目的を明確に説明する必要があります。

「利回りが高いから」
「儲かるから」
「◯◯のキャッシュフローが得られるから」

という数字のことだけでは、実は不十分です。

「主観的」な人間性を評価してもらうために、「賃貸業を営みたいという熱意」の表現も大事です。

もちろん、収支の観点は欠かせないもので、クールで客観的な視点が重要なことは言うまでもありません。しかし、それだけで認められるならば、メガバンクでも融資をしてくれますし、黙っていても向こうから「借りてください」となるはずです。

主観的評価は〝気持ち〟が大事

しかしながら、多くのサラリーマンが融資を依頼する場合、次のような問題がついて回ります。

・自己資金がない
・年収も少なく、勤務先も大きな会社ではない
・物件所在地が人気エリアではない
・築年数が古い
・修繕費がかかりそう

これだと銀行にとって理想的な借り手とは言えません。このような弱点を持っているようなケースでは、数値の評価に加えて、動機や情熱を汲み取ってもらうしかないのです。

「地域のために！」とアピールする

私の場合、「いつかは自宅のある浦安市で賃貸業を営みたい」ということを地元の地銀に常々話していました。

東日本大震災での被災を機に、住まいがあるということの幸せ、そして困った人にも住居を提供できる社会貢献の素晴らしさを痛感しました。だからこそ、「いつかは浦安の地に物件を所有し、人々に住まいを提供することで、当時の恩返しをしていきたい」ということを力説していたのです。

あくまでも理由の一つに過ぎないのですが、地銀としては「地域に貢献したい」という意図は、充分に尊重してくれました。

その後、茨城県取手市の物件融資をお願いした時、逆にこれが足かせになりそうになったことがあります。

「浦安ではなく取手なのに、なぜ買いたいのか？」と質問されたのです。

それでも、「常に地元のために貢献したい」というビジョンを踏まえた返答が功を奏しました。

「いつかは浦安に買いたいと思っています。しかし、事業経営として、違うエリアに物件を所有することは、リスク分散の観点から当然の発想です」

「実際に現場に行ってみたら、車で1時間で着きました。これは今持っている東京都清瀬市の物件よりも、交通渋滞を考慮すればかえって近い。つまり、いつでも現場に駆けつけられます」

「事業を安定させ、いずれは浦安のために、浦安の物件を取得したいと変わらずに思っています」

このようなことを主軸に説明したところ、支店長にはご理解いただきました。地銀としても、「当行が隣県の取手エリアに進出していくための足がかりにしたい」という支店長直々の援護射撃をいただいて、融資が承認されたことがあります。

地銀にとっては、物件所在地がその銀行の管轄エリア内にあること、何かあったらすぐに見に行けることが、かなり重要なファクターになってきます。

物件評価は、単に利回りや積算を基準に、銀行の公式を当てはめて価格がいくら？というだけではありません。地銀は、地域にこだわりを持ち、収益性と将来性を見極めて融資を行うところです。そこを押さえた上で、銀行に歓迎される理由を考えることがベストです。

銀行マンのスタンスに配慮する

いずれにしろ、銀行の本音を推測すれば、「貸したくない」とは思わないものです。銀行員にとっては融資額＝営業成績なのです。顧客を掴んだあとは、どうすれば融資部門の承認を得られるか、という観点になります。そのために数値では表現できない部分をアピールし、もの足りないものがあるとすれば文章的説明で補わなければなりません。

その立場を理解し、うまく稟議書を書いてもらえるように配慮して進めることがポイントです。

物件概要書を送るときの工夫

銀行に物件情報を送るときのポイントをお伝えしましょう。

私が取引している地銀では、メールでのやり取りは一切禁止されているため、物件概要書などの紙ベースの情報連絡は、ＦＡＸを送信するしかありません。

そこで、ただ単に「物件概要書を送るので、融資のご検討をお願いします」とだけ書いたレターを添えて送るだけでは、忙しい銀行員の注意をひいて、アクションしてもらうことは難しいです。

銀行に送る情報を、融資検討の土台に載せてもらうための工夫ポイントについて、いくつかご紹介します。

① 宛名

「○○支店長殿」がベスト。

または、面談したことのある人の中で、できるだけ職位が高い人にする。担当者・実務者は写しの欄に記入します。

これでこちらの本気度を示して、トップダウンで動いてもらうように促します。

② 物件概要書に加えて、3つの項目

「収支シミュレーション」、「物件の価値」、「なぜ自分がその物件を買いたいのか」をA4用紙1枚に簡潔にまとめたものを添えます。

あまりダラダラと長い文章は読みにくいので、箇条書きで簡潔に記載することが必須です。

③ スピードが命

求められた資料はその日のうちに送ることが、最大のアピールです。

物件情報を入手したら、その日のうちに銀行へＦＡＸすることが鉄則です。やる気と強い意思を伝えるコツは、最速のスピードで対応することです。

情報をＦＡＸ送信することを最優先に行動しなければなりません。

そしてその翌朝、できるだけ早い時間帯に銀行へ電話をして確認します。

「昨日、ＦＡＸを送らせていただきました。届いておりますでしょうか」

そうして、銀行側から修繕履歴やレントロールなどの追加資料を要求されたら、これも同じく「その日のうちに」返信します。これを繰り返していくうちに、融資が通る銀行に巡り会えます。

ちなみにレントロールとは、物件の入居状況を一覧にまとめた書面のことです。

なぜ、その日のうちに返事をするのか？

「そこまで焦らなくてもいいんじゃないの？」と感じる方もいらっしゃるかもしれませんが、とんでもありません。

私は実際に支店長から言われたことがあります。

「返事が早いと、こちらも自然と優先度が上がる」と。

また、仲介管理会社からも「本気度が伝わってくる」と生の声を聞いています。

自分が認識している以上に、その日のうちに対応することで、相手にプレッシャーをかける効果があるようです。

たとえ徹夜してでも最短で届けるように、早さには徹底してこだわってください。

融資を断られても、数をこなせば夢は叶う

さて、ここまで毎回その日のうちに返事をすることで、銀行にも真剣な姿勢が伝わっていきます。

おかげで私は、物件が見つからずにご無沙汰していると、時々支店長から電話があり、「その後、いい物件は見つかりましたか?」と尋ねられるようになりました。こうなると、銀行から「重要顧客」として扱われているような気分になり、ますますやる気が出ます。

これまでお伝えした進め方を守り続けたおかげで、4～5億円の融資が、2回も承認されました。

それでもその物件は、「他に高く買ってくれる人を見つけた」という売主の都合により取得することができませんでした。

このように、せっかく銀行に自分の熱意を理解してもらっても、うまくいかない時があります。しかし、ともに難局に立ち向かった同志として、「次こそは」という意

識が働きます。良さそうな物件が出た時には、支店として最優先で審査に持ち込んでくれて、何とかして融資を通そうとしてくれるようになりました。

そうして気がつくと、一つの銀行から合計7億円の融資を受けているわけですが、それまで何度も「この融資を通したら当分は無理」と言われてきました。

しかし、銀行も時代の流れと共に融資の姿勢が変わってきます。今回NGとなった条件でも、半年後には問題にならなくなることもよくあります。私が最近融資を受けた2・24億円の物件は、3ヶ月前だったら恐らく通らなかっただろうと言われました。

銀行融資を数回断わられたぐらいで諦めてしまったら、その時点で夢は消えます。銀行の事情を知り尽くせない立場としては、一度断られたことをずっと覚えていて、もうあの銀行は無理だ、と決めつけて足が遠のくことは仕方ありません。でも実際には半期ごとに、いえ、数ヶ月で銀行の方針もリセットされることが充分あり得ます。

数をこなした人だけが得られる大きな報酬があるのです。諦めずにチャレンジをし続けていきましょう。

まったくの人脈がない状態から、正面突破で銀行を開拓していくのは、かなり厳しいです。

「今回の物件は、ご要望には添えないと思います」

「頭金を2割程度は出していいただかないと」

そんな定番の断り文句をいただくことがほとんどです。

自己資金がまったくない状態から始めるには、少なくとも、どなたかの紹介を受けて訪問した方が良いです。

突然訪問してもいきなり断られることはほとんどありませんが、数週間や数ヶ月後に断りの連絡が来るだけです。

不動産会社の紹介「ファイナンスアレンジ」を活用しよう

その紹介者として最も有力なのが不動産仲介会社です。

仲介会社の立場では、物件を売却することが一番の願いであり、そのためには融資を獲得することが必須で、言ってみれば私たち買主と目的が同じです。

また、ほとんどの売買には融資が伴いますので、銀行との関係は深いです。

銀行としても、どなたか不動産オーナーに物件を購入したい人がいれば、できるだけ自分の銀行から融資をさせてもらいたいと思うものです。


そんな不動産仲介会社を通じて銀行を紹介してもらえることが、融資を得るために最も近道になります。これを「ファイナンスアレンジ」と呼びます。このアレンジができるかどうか、最初に物件を見た段階で不動産会社に尋ねておくのも効率のよい進め方です。

妻が反対したらどうすればいい？

ようやくたどり着いた銀行で決裁の当日、奥様から「やっぱりどうしても○億円の保証人にはなれない」と言われて、成約が白紙撤回になる。そんなことが、結構な確率で起きているそうです。

契約が行われないということは、もう一度買主を探して融資付けをし、売買契約書を作成するという作業を1からやり直さなければなりません。普通はこの段取りに1ヶ月くらいを要しますから、万が一こんなことになれば、不動産会社も銀行も売主も、すべての関係者が不幸になってしまいます。

そのためか、仲介不動産会社の方に初めてお会いすると、かなりの確率で「奥様は不動産投資のことをご存知ですか？」と尋ねられます。実際、私がコンサルティングをして物件を購入された方の中にも、かなり良い物件であるにも関わらず奥様に大反対されて頓挫したことがありました。それでも彼は必死で奥様を説得し、何とか物件購入にはこぎつけましたが、奥様がどうしても保証人になることだけは拒まれたので、やむを得ず「保証人無し」の融資契約を結ばれたそうです。

一方、私は不動産投資を始めた時から家族に反対されたことは一度も無く、今でも家族みんなに応援されてこの仕事をしています。それぞれにご家庭の事情は異なるので、必ずしもこれがいいとは申しませんが、私が家族に応援されている理由をお伝えします。

①家計はすべて自分が管理している

我が家では、私が家計簿をつけています。毎日の出費を項目ごとに分類してエクセルファイルに記録し、カードや公共料金の支払いから学費、保険、ローンなど、すべて私の管理下に置かれています。今、ウチにどのくらいお金があるかを完全に私が把握しているので、妻も口出ししようとせず、全面的に信頼されています。

② 子どもにも仕事の内容を説明する

高校生と中学生の子どもがいますが、購入した物件は家族で見に行き、そこから得られる収益と、かかる経費について、ざっくりと説明します。するとと子ども達も興味がわくのか、満室にするための内装のアイデアなどを話してくれたりします。

また、消費税還付のために本来はいくらの税金がかかっているのか、物件価格から固定資産税評価額の割合に応じた土地と建物価格に分解する必要があるのですが、その計算をいつも娘にやってもらいます。彼女は連立方程式を使って建物の価格を割り出し、私の仕事を手伝えることに誇りを感じてくれます。

子どもにもわかるようにシンプルに説明することは、銀行に説明する上でもとても役立っています。

③ 不動産収入で得た利益を家族に還元する

妻とは月に一度、平日に休みを取って少し豪華なランチに出かけます。「不動産投資で成功している人はみんなこんな感じ」「早く会社を辞めて毎週行けるようになりたいね」などと話します。

ランチなので実は一人分２０００～３０００円くらい。大したコストではないのですが、何より平日の昼間にデート感覚で時間を過ごせることが喜ばれます。

子ども達は不動産のおかげで海外留学したり、高額の塾に通うことができました。その都度、金額を意識して取り組ませているため、本人も無駄にしないように一生懸命がんばるので良い結果につながります。

この他、家族旅行に出かける時もちょっとだけ贅沢をします。いつも「不動産のおかげ」と言っているので、この事業のおかげで自分達の生活が豊かになっていることを、家族みんなで実感するのです。以前なら切り詰めて「節約」することを美徳としていましたが、今は家族の気持ちを一つにするための「投資」と考えれば、安い経費です。

それでも賛同を得ることが難しい奥様には、最後の決断の根拠として「団体信用生命保険」の説明をするのも一案です。個人で融資を受ける際には大抵これに加入することになり、万が一のときには保険でカバーして返済を免除されるものです。

一般の生命保険に入る代わりに、この物件にかかる融資金額を担保し、現金よりも収益不動産を残した方が、残された家族の生活もより一層安定します。

1億円の保険に入るより、1億円の物件を購入してそのローン分の保険に加入するという意味です。1億円の現金よりも、1億の物件の方が、年収800万円程度を毎年生み出し、土地の所有権も残り、資産として価値が高いです。

というわけで、保守的な奥様には「生命保険代わりにして家族を守りたい」とお話しされることをおすすめします。

Chapter.

5

総資産8億円
キャッシュフロー2200万円の
リアルストーリー

新築木造アパートがすべての始まり

これからお話しするのは、私が不動産投資を始めてから現在に至るまでの実話です。それは、インターネットで「アパート経営」という文字を検索したところから始まります。

「現地見学会」の案内を見つけて申し込んだのが、すべての始まりでした。2009年の9月中旬のことでした。

現地へ行くと、できたてホヤホヤの白いアパートが2棟、並んで建っていました。ロフトがついた1K6畳の間取りで家賃が6万円。6室と8室でした。

「私は購入目的で来ていません。アパート経営の勉強を今日から始めるレベルで、頭金もまったくありません」と伝えていたので、そのアパートの収益に関する説明はほとんどなく、建築の工法や内装の素材などについての解説のみで終始しました。

およそ2週間くらい経ったある日、その説明をしてくれた営業マンから電話がかかってきました。

「先日ご覧いただいたアパート、いかがでしたか？」

「いや、いかがも何も、お金がないので買えませんが、勉強にはなりました」

「実は、あの物件、購入を検討されていた方がローンを組めなかったので、桜木さん、ご興味があればいかがでしょうか、と思いまして」

「は？　私に？　いやいや、でもまったく頭金がないんですよ」

「はい、存じております。でも、この物件は実は〝リーマン物件〟と申しまして、リーマンショックの影響で価格が安くなった物件です。そこで頭金がなくても購入できますので、よろしかったらいかがですか？」

思わぬ展開に戸惑いと怪しさを感じつつ、「頭金が本当にゼロで買えるなら考えたい」と答えると、その週末にすぐ打ち合せをすることになりました。

それからはあっという間でした。

物件価格は5900万円のところ期間限定で5300万円、利回り8％で毎年400～450万円程度の家賃収入があると。そして、

「今回は本当にお得な売価です！」「時間が勝負です！」「断るなら次の人に声をかけます！」「買うなら今です！　判断してください！」と、セールストーク炸裂。

すべてに慎重な私が、なんとその場で購入を決意してしまったのです。

決め手になったのが、「月々手取り額は5~6万円。自分が払うお金は1円もいらない」ということでした。

2週間後にはローン契約をし、気づいたらアパートオーナーになっていました。頭金を一切入れず、諸経費まで融資で賄うオーバーローンですから、本当に1円も使っていません。

担当者が言いました。

「必要な融資を得るためには、お勤め先・ご年収・自己資金の3つが大事です。このうち2つまで揃っていれば、後は私たちが何とかします」

まさに私は自己資金以外の2つは、この物件を買う属性に当てはまったわけです。

空室対策から始まったアパート経営

実感がわかないまま、新築木造アパートのオーナーになり、最初の課題は1つの空室を埋めることでした。10月に契約した際、管理会社から「何とか年末までには埋めたいですね」と言われていて、特に心配していなかったのですが、なぜかその1室が空いたままで年を越してしまいました。

当時その物件には「家賃保証」の制度はなく、入居者がいなければ収入はゼロ。6室中の1室分は6万円ですから、月々のキャッシュフローに大きなインパクトを与えてきます。そこで不動産関係の本、特に満室経営について書いてあるものを読みあさりました。

部屋の中にPOPを置きなさいとあり、さっそく100円ショップで買い揃えました。

エアコンやカラーモニター付きドアホン、インターネット使い放題であること、広いロフトや天井が高くて圧迫感がないことなど、自分のパソコンでメッセージカードを作成し、フォトスタンドを使ってオシャレに飾りました。さらにガイドブックまで作り、担当者に渡しました。

そうして6室すべてが満室になりました。

後から別の管理会社の方に聞いた話ですが、セールスさんの考え方にもいろいろあって、このようにオーナーが客付けのために自ら物件へ足を運んで工夫を凝らすことが「やる気のある大家さん」として好印象を与える場合と、逆に客付けの現場を知らないのに独りよがりの施策を講じて的を外し、「細かいことを気にするうるさそうな大家さん」として受け止められる場合があるようです。

優秀な管理会社ほど、オーナーは経営的な判断をしてくれればよくて、後は私たちに任せてほしいというスタンスのようです。

千葉市蘇我の
木造アパート

室内にはさまざまな POPを置き、内覧者
に部屋の魅力を伝える

大震災で自宅が傾いた！
おかげで木造アパート2棟目を買えた！

２０１１年3月11日。東日本大震災。

千葉県浦安市は、関東地方でも最も大きな被害を受けた地域の一つでした。

勤務先の六本木から浦安駅まで帰った私は、様子が一変して静まりかえった市内の道を、自宅まで不安を押し殺しながら歩いて行きました。

そしていよいよ自宅へ通じる最後の曲がり角に来た時、その変わり果てた様子に思わず息を飲みました。

両側の電柱がぶつかり合うように倒れ、電線が地面につくほど垂れ下がっていました。液状化により地中から溢れ出た水が引いて、泥だけが残った道路は真っ黒に塗りつぶされていました。

やっとの思いで家に辿り着き、ドアを開けるとなぜか勢いよく開きます。

地盤が液状化で緩んだために、家ごと傾いてしまっていたのでした。

後々の測定によると、8・3㎝傾いていることがわかりました。

工事依頼をすると順番待ちのために、施工までに2ヶ月かかりました。

地震保険が下りたのですが、修繕費を差し引いても多少のお金が手元に残りました。「これはきっと、このお金で次の物件を取得し、社会に貢献するようにという神の思し召しなのかもしれない」と考えて、2棟目購入のきっかけとなりました。

1棟目を買った不動産販売会社を再び訪れて、博多にある1棟8室の新築木造アパートを購入しました。2011年の12月30日、年末ギリギリの決済でした。

東日本大震災直後の浦安市の様子

2棟のアパート投資が失敗だったと気づいた瞬間

2012年の年明けは、晴れて2棟のアパートオーナーとして迎えることができました。しかも2棟目は、販売会社が新しいタイプの単身用住宅「メゾネットタイプ」を導入した最初のモデルでした。

2階建ての長屋風のたたずまいが8室連なっていて、1階・2階合わせて1軒分になり、さらに2階がロフト付きなので、居住者はあたかも3階建てに住んでいるかのような住み心地になるわけです。「希少性が高い」というデザイナーズアパートで人気も出て、客付けには当分困らないと想定される物件でした。

実際にその後1年間は一切退去がなく、満室経営ができました。

しかし、アパートを2棟も所有しているのに、何年経っても現金が貯まらない。ですから、次の物件を買い進めることもできません。このままでは永遠に頭金ができず、3棟目を買うことなんて、夢のまた夢です。

「いったい、不動産投資というのはどうやって進めていけばいいのだろう？　勉強しなきゃ」

今思えば恐ろしいことですが、初めて本気で勉強しなければいけないと考え始めたのです。すでに1億6００万円の借金を抱えてから。

「まぁ、自腹を切っているわけではないからいいか」とか、「20年経って完済したらあとはまるまる家賃が入るからそれまでの辛抱だ」と思いつつ、いろいろ調べ始めました。

与信を毀損していると言われてショック！

本を買いあさり、次々と読破していきました。そしてインターネットでは「満室経営」「自己資金０円」「サラリーマンリタイヤ」など、自分が実現したいことをより具体的に検索していった結果、ようやく一つの不動産投資塾に辿り着きました。

一番ショックだったのは、最後に話された先輩塾生の言葉です。

「言われた通りに行動したら、今は３００万円の現金が通帳に残っています」

耳を疑いました。

「うそ！ どうしたらそんな？ 自分は年間で数万円しか残らないのに？」

これを聞いて、入塾のための個人面談をその日のうちに申し込みました。

そこで塾長からは意外なことを言われます。

「桜木さんは、マイナスからのスタートですね」

「マイナス？ いやいや、今の木造アパートは利益が出ていて、すべての経費を差し引いてもマイナスにはなりませんよ」

「そういうことを言っているのではなくて、お持ちの物件は、与信を毀損している、という意味なんです」

厳しい表情で、初めて聞く言葉を発せられました。

「与信」を「毀損」する？

穏やかではありません。そのまま訳せば「信用を損なっている」という意味です。

2つの金融機関から約1億円の融資を受け、違法でも何でもない優良な新築木造アパートを所有している私が、なぜ与信を毀損しているなどと言われなければならないのでしょうか。まさに衝撃的な一言でした。

塾に入り、勉強してわかったことですが、新築の木造アパートは、土地＋建物の評価額が実際の購入価格よりも安くなってしまうというのです。

オーバーローンで購入した私は、所有物件の時価よりも、銀行から借りている負債額の方が大きいため、「負債を背負っている人」と見なされるわけです。

負債が大きい人には金融機関がお金を貸さないので、次に物件を買いたくても、融資してもらえる可能性が低くなるということです。

「マイナスからのスタート」という言葉の意味が、衝撃的な事実として理解できたのがこの頃でした。

博多の物件

購入価格：5300万円
平均家賃：６万円／月

家賃収入	**480万円**
管理費・光熱費	66万円
修繕費積立	20万円
ローン返済(4.5%)	320万円
固都税	30万円
年間キャッシュフロー	**44万円** (3.7万円／月)

蘇我の物件

購入価格：5300万円
平均家賃：６万円／月
駐車場　：９千円／月

家賃収入	**490万円**
管理費・光熱費	65万円
ローン返済(2.8%)	270万円
ローン返済(6.25%)	60万円
固都税	17万円
年間キャッシュフロー	**78万円** (6.5万円／月)

ちょっと空室が出るとたちまち赤字になりかねない状況！
新築でフル（オーバー）ローンのため、返済が進むまでしばらくの間、
「資産価値＜残債」となり、バランスシートはマイナスの評価になる。

本当の不動産投資のスタート

不動産投資の仲間が次々と物件を購入して、高額な収入を得ていく姿を目の当たりにするにつれて、「もっと効率の良い投資方法があったんだ！」ということを思い知らされました。

私の目標は、サラリーマン年収を超えて、経済的自由を手に入れることでした。多くの塾生仲間が同様の目標をどんどん実現していくのに、私と彼らは何が違ったのか？　それは、新築木造と中古ＲＣの違いだったのです。

なぜ中古のＲＣがいいのか？

①中古物件は購入後にすぐ価値が下がるということがない

新築と違って資産価値の減り方が緩やかなため、所有資産がマイナス評価（資産価値よりも返済額の方が大きい状態）になりにくい。したがって次の物件を購入する時にも強味になる。売却時にも有利。

②法定耐用年数が長いため、融資期間が長く取れる。

融資期間が長い、つまり月々の返済額が少ないので、家賃収入から返済額を引いた金額が多くなり、経営に余裕ができる。キャッシュフローが多くなり、現金が貯まる。

③1物件の規模がおよそ1億円以上である。

RCは規模が1億円以上のものがたくさんあります。

同じ10％の利回りでも、5000万円と1億円では得られる家賃収入が500万円と1000万円の違いになります。

物件を買うという手間自体は規模に関わらず同じです。できるだけ大きい規模の方が、必然的にキャッシュフローも増えるのです。

初めてのRCマンションで再出発！

不動産販売会社は、買う人を探すというより、「選ぶ」という感覚が近いと言われます。不動産会社に「選ばれる人」になるため、成功している人たちから教わったことをお伝えします。

まず、融資審査に必要な資料をすべて揃えることです。

資産概要書、略歴書、源泉徴収票、確定申告書、ローン返済予定表、謄本です。

そして、それらをＰＤＦにまとめておいて、いつでもメール送信できるようにしておくことです。この準備ができているかどうかで、選んでもらえる可能性が大きく変わります。また、すべてをプリントアウトして1冊のファイルにまとめて、すぐに提出できるようにしておきます。

このノウハウを不動産投資で成功している人から教えていただき、さっそく資料が揃ったところで、ある不動産会社の営業部長にメールをしました。すると次のような返信がありました。

「色々と資料を送っていただきありがとうございました。早速ですが、桜木様の弱みからお伝えさせていただきますが、資産背景が弱いです。この部分を解決できれば2億程度は可能かと思います。つきましては、今後の方針等のお話をさせていただいた方が効率のいい物件の取得につながります。桜木様のご都合のよろしい日時をいくつかお知らせいただければ調整します」

やはり、きちんとした資料を送付したことが効果的だったようです。なかなか日程の折り合いがつきませんでしたが、約1ヶ月後にようやくお会いできました。

しかし、そこからの話は急展開の運びとなりました。

挨拶した時に物件を紹介されて、翌日に現場へ見に行き、特に問題ないと思われたので買付を入れました。

1週間後には審査の承認が下りて、売買契約を結び、次の週に決済・引渡しまで完了しました。

この物件は、先に金融機関の評価が済んでいる物件だったので、あとは私の属性と資産背景だけが審査対象でした。最終的な交渉ごとは不動産会社さんにお任せして、こちらは健康診断など必要なことをすぐに行動しました。

このスピードが功を奏し、スムーズに購入までこぎ着けることができました。

場所は東京都清瀬市。売買価格は1億8700万円、融資額は1億9200万円。つまり500万円のオーバーローンです。銀行の評価が非常に高い物件だったのです。

そして運の良いことに、その不動産販売会社は、物件を仕入れてから必要な修繕を施して再生させ、その後で販売に出す、いわゆる「売主」に相当する会社でした。そのため、3％＋6万円の仲介手数料がかからず、少ない諸経費で済みました。

あとから振り返ってみると、初めてお会いして、物件資料を見せられてから20日後には自分のものになっていました。不動産会社の方の指示に従い、即決断し、即行動したことが、結果につながったのだと思います。

この物件の利回りは11％。

キャッシュフローは満室想定で年間450万円、月々37・5万円。

新築木造アパートとは桁違いに大きな利益を得られることになりました。

東京都清瀬市のRCマンション

なぜ私の物件は儲からないのか

晴れて中古RCを手に入れて、木造アパートとの経営状況を比較してみました。

東京都清瀬市のRCマンションは、キャッシュフローが年間450万円、月収37・5万円。

千葉市蘇我の木造アパートは、キャッシュフローが年間80万円、月収6・5万円。

博多市の木造アパートのキャッシュフローは、年間40万円、月収3・7万円。

特に博多のキャッシュフローが悪い理由は、①金利が高いこと、②管理費が高いことの2点に尽きます。

そこで私はまず、返済期間が1年を過ぎた博多物件の金利を下げてもらおうと、銀行に交渉を試みました。

しかし担当者から、「清瀬の物件も融資させていただいていますので、あと2年はこのままの金利でお願いします」とバッサリ断られてしまいました。確かに清瀬のRCも、博多の木造と同じ銀行で融資をしてもらいました。それがたった2ヶ月前のこ

	キャッシュフロー	金利	管理費率
清瀬	50万円／年	4.5%	9.2%
蘇我	80万円／年	2.8%	8.2%
博多	40万円／年	**4.5%**	**17.7%**

となので、すぐに金利を下げるのは無理、ということでした。

次に家賃収入の17・7％もの割合が管理費として消えていることから、管理費を下げてもらうための交渉に行きました。その物件は販売会社系列の管理会社がそのまま管理をしているので、融通が利かない状況でしたが、実はそこに突破口があったのです。

「管理は全国一律の基準で行っているので、桜木さんの物件だけ特別対応はできません。その代わり、金利を下げられる金融機関をご紹介しますので、そちらで借り換えしましょう」と逆提案をしてきました。

融資承認を得ることができた理由とは？

不動産会社から紹介され、借り換えのために銀行に訪問してから2ヶ月以上経つのに何の連絡もありません。何度か連絡して、ようやく結論が出ましたが、融資不可ということでした。とても落ち込みました。他にも教育ローンの審査もＮＧになり、かなり心が折れました。

そんなときに、総額29億円の融資を引いている知人に相談しました。「なぜそんなに何回も融資をしてもらえるのですか？」

「とにかく銀行を開拓し続けることですよ。断られるのなんて普通のこと。そんなことでへこたれていたら、この業界でやっていけませんよ」と淡々とした答え。

その人はまるで街中でナンパをするような感覚で銀行にアプローチをしているとのこと。一度や二度うまくいかなかったからといって、落ち込むどころか、次の銀行にアタックするためのモチベーションに変えているそうです。

たしかに、諦めるのはいつでもできる。

成功する秘訣は、成功するまでやり続けること。そんな言葉を胸に、私はもう一度前述の不動産会社に、他に可能性のある銀行はないか、問い合わせてみました。

「桜木さんの場合、やはり個人負債が大きく、かなり難しいかもしれませんが……」とすっかり弱気になった営業マンが、ダメもとで一つの地銀を紹介してくれました。

次の銀行ではアプローチの角度を変えることにしました。いろいろありましたが、借り換えが無事にできたので、後日支店長に、その理由を聞きました。

「なぜ、今回私に融資承認が下りたのですか」

支店長は、「奥さんの前で恐縮ですが」と前置きされ、

「ズバリ、人です」と答えられました。

「銀行は数字で判断します。でももう一つの役割は、人を観て、物件を診て、話を聞くことが支店の役割です。桜木さんの場合、数値だけでは今回の融資は難しかったのですが、ご自身で所有物件のデータを詳細に把握されていて、スピーディーな資料提出が審査の進捗を早めました。相乗的に良い結果につながったのだと思いますよ」

「求められた資料は必ずその日のうちに提出すること」

これが私のモットーでした。手触り感のある数字と、素早い行動が結果につながったのです。

最高の物件を見つけたが、思わぬ邪魔が……

私の当時の目標であった「年間キャッシュフロー1500万円」を実現するには、まだあともう1棟、2~3億円の物件を取得する必要がありました。

これまでお世話になった不動産会社に次々とコンタクトをとり、さらなる物件の紹介をお願いしてみましたが、一度借り換えをした人は、元の銀行から再融資を受けることは極めて困難になります。そうなると不動産会社でも紹介ができなくなります。

そこで私は、塾のツテではなく、自分で物件を探すことをようやく始めました。インターネットサイトの「楽待」に会員登録し、自分が求める物件を登録します。

・希望エリア……千葉県
・物件種別……………1棟マンション
・構造………………RC造
・築年数……………25年以内

・利回り…………８％以上

関東圏内で利回りを10％以上と条件入力すると、１件も見つかりません。８％でも、金利が1・2％なら有利なキャッシュフローを生むので、その辺りを狙って毎日サイトを確認する日々が続きました。

そして２ヶ月くらい経過したある日、突然、素晴らしい物件情報がパソコン上に表示されました。私の住む浦安市内で、１K×57戸の大型ＲＣ。築22年で利回りはなんと10・55％。ただし価格が４億１０００万円となっていて、この規模はさすがに無理だろうと思っていました。

ところが地銀に情報を提供すると、何と偶然にも数ヶ月前に物件の評価をしたばかりで、私でもギリギリ融資が可能という、信じられない答えが返ってきました。

もしもこの物件が入手でき、金利が1・2％であったなら、年間キャッシュフローは単独で１４００万円になります。

ところが、思いがけない落とし穴がありました。この物件は、現オーナーが１階の駐車場スペースを改築し、食品加工の工場として大々的に使用していたのです。

駐車場であるべき場所に人が作業できる空間があるということで、建築基準法に照らすと容積率オーバーになります。このままではこの物件は、通常の銀行の融資対象になり難いため、売却時には「1Fは現オーナーの責任と負担で建築当時の駐車場に戻します」という記載が、広告にしっかりと記載されていました。

ところが実際に契約の話を進めようとした時、売主側から「駐車場への原状回復は買主負担」と言ってきたのです。これは明らかにルール違反です。


実はこの売主側は、不動産コンサルタントという肩書きを持つ会社が陣頭指揮を取っていました。「嫌なら買わなくて結講。物件を持っている方が強いんだから、協議の必要もありません」

これにはもう、こちらの仲介会社さんもカンカンです。交渉の場で「そんなおかしな話があるか！」と大声で怒鳴ったりして大騒ぎでしたが、コンサル屋は眉の動きひとつ変えず、「話し合うつもりはない、嫌ならあきらめてくれ」の一点張り。

コンサル屋は、自分で買主を見つけてくれれば、売主側と買主側の両方から仲介手数料が入ります。手数料は片方だけで1236万円。両方からなら2472万円となります。でも、今回私に売ることが決まると、仲介手数料は半分になります。だから自分で買主を見つけるまで時間稼ぎをしている様子でした。支店長が直接掛けあっても、難癖をつけて引き延ばされました。

およそ1ヶ月たった頃、その物件はそのコンサル屋が見つけてきた買主に売られてしまいました。逃がした獲物は大きいと、悔やんでも悔やみきれない思いでした。

しかし、そんな私に対し、お世話になった仲介会社の方からは、「もっと良い物件を紹介して、この物件をやめてよかったと言わせてみせます！」と言っていただきました。

また、銀行の支店長以下4名の行員さんは、閉店後の夜9時すぎまで私と打ち合せをして、「私たちは最後まで桜木さんの味方です。必ず物件取得しましょう」と力強い言葉をかけてくださいました。**理不尽な仕打ちを感じたのは私だけではなかったということが、まるでチームのような連帯感を生み出しました。失った代わりに得たものも大きかったように思います。これが私への大きな追い風になりました。**

2棟目のRCマンション取得でキャッシュフロー1500万円突破！

一から出直しです。再びパソコンに向かい、物件情報サイトにアクセスして条件を入力します。そして少しでも希望に近い物件を見つけると、すぐにメールを送りました。

「地元の地銀で、4・1億円の融資承認を受けましたが、売主の都合で流れてしまいました。同じような物件があればすぐにまた融資が受けられます」とコメントを記入し、先方が連絡を取りたくなるように配慮してみました。

そうするととりあえずどの不動産会社も反応がよく、すぐに物件の詳細を送ってくれます。

得た情報をもとに1件1件シミュレーションを行いました。

返済比率が50％以下で、キャッシュフロー比率が30％以上になることが条件です。

オーバーローンの場合、この条件に合う物件はなかなかありません。そうするとお断りするしかないのですが、必ずその日のうちに返信することで、本気度を示しながら相手への誠意を尽くしました。これを数ヶ月間、ひたすらくり返しました。

会社から帰宅したらすぐにメールをチェック。そのままシミュレーションをしてコメントをつけ、返信しました。そのため、かなり寝不足の日々が続きます。そしてそろそろ疲れもピークに達したころに、ある不動産会社から電話がありました。

「お客様が問い合わせをされた物件は積算が低く、融資が出ないと思います。代わりに**今日入ってきた未公開物件の方をおすすめします**」

ついに来ました！　サイトに掲載されていない未公開物件こそ、上質でかつ競争相手がなく、じっくりと取り組める物件なのです。まさにこの時を待っていました。この**未公開物件情報を入手するために、せっせと不動産会社との関係を構築し続けるべきなのです。**

そして、当初は売主さんが３億以下では売らないと言っていた物件を、仲介会社の社長自ら粘り強く交渉していただき、結果的に2・9億円で購入することになりました。銀行の評価も上々で、3億円のオーバーローンが確定。収益の利回りは7・9％と厳しかったものの、築18年だったので融資期間が29年と長く、金利も1・2％ということで、十分なキャッシュフローを生んでくれます。

売買契約当日に問題発生

素晴らしい物件の売買契約が行われる日、管理会社との打ち合せで、管理費が当初聞いていた金額よりも年間で200万円も高いということが発覚しました。

管理会社が契約時に提示してきた価格は、通常の相場からみてもあり得ない高さです。話が違い過ぎることに仲介会社の社長も激昂し、1ヶ月だけ猶予を見て、管理費の見直しを要請しました。それでも価格が折り合わない場合には、管理会社を変えると宣言しました。

ところが、再見積りは数十万円安くなっただけなので却下。仲介の社長が責任を感じて新しい管理会社を見つけてくれて、ようやく計画通りの予算に収まるように落ち着きました。

仲介会社が、私の意図をしっかりと理解して盾になってくれた理由は、私が購入を決意した根拠となるキャッシュフローの目標金額を、きちんと伝えていたおかげです。

それまでに、なかなか購入まで至らずに終わったシミュレーションは数十件を超えます。そのおかげで間違いのない購入につながりました。

また、「依頼されたものはその日に返信する」というポリシーで、たとえ午前3時になっても、依頼されたことに対して夜が明ける前には必ず返送していました。

そんな私の姿勢が、利害を越えた信頼関係を築けたと思っています。

こうして私は2013年12月末に江戸川区葛西に4棟目の物件を取得しました。

真面目に不動産事業に取り組んでからたった1年半で、自己資金ゼロのまま、年間キャッシュフローが当初の20倍の1500万円になりました。

東京都江戸川区葛西のRCマンション

木造アパートをようやく処分。あとに残ったのは……

収益を生み出す2つの大きなRC物件を取得した後、次なる課題はお金がほとんど残らない木造物件の売却です。

どちらの物件も単身用の1Kですから、数年経つと空室も出ます。

特に千葉市・蘇我のアパートは、購入時には「これからこの街は開発が進み、賃貸需要もどんどん上がってきます」と説明を受けていました。

たしかにその通りに活況を呈してきてはいるのですが、その分、似たようなデザイナーズアパートが乱立するようにもなってきました。

そうなると、新築で私のアパートよりも設備が整っているにも関わらず、家賃が5000円以上安く、時には1万円も差がついてしまうケースさえありました。

こういう状況では、私のアパートから一旦退去者が出ると、次に募集する時には大幅に家賃を下げざるを得ません。

また、入居月の家賃を無料にするフリーレントや、5万円相当の初期費用を無料にしなければ、入居が決まらなくなってきました。

こうなっては、キャッシュフローの年間80万円はあっという間に吹き飛び、プラスマイナス0か、ちょっと油断するとマイナス数十万円になってしまいます。

新築プレミアムの効果はほんの数年で無くなり、賃貸経営としては非常に危ないレベルになっていったのです。

4棟目の仲介をしてくれた販売会社に相談すると、「うちに任せてくれればすぐに売れますよ」と言ってくれました。

ところが、実際に委託してみると、なかなか決まりません。

たまに買いが入っても、指し値が入ります。指し値とは値引き要求のことですが、どんどん値段が下がります。

それでもなんとか2ヶ月程度で決着。5300万円で購入したものを4900万円で売却しました。

当時の残債が4750万円程度でしたので、決済後には150万円が手元に残った程度でした。

これでもまだ良い方で、博多の物件は実際に売却できるまで10ヶ月もかかりました。希望価格よりも５００万円値下げをし、５４００万円で決着。買った当時は５３００万円でしたが、まだ2年しか経っていないため返済元金がほとんど減っておらず、初期費用にかけた金額を合わせるとマイナスになりました。

2つのアパートを合わせた収支は、55万円。５年間も木造アパートを所有して、得られた利益はたったの55万円、という結果で終わりました。

でもこれでようやく、晴れて強力なＲＣマンション２棟に経営のパワーを集中できるようになりました。

1年間で102回中、成約ゼロ！

「次のRCを購入して年間キャッシュフロー2000万円！」という、新たな目標を立ててからの1年間は、毎日が闘いでした。

連日インターネットで物件検索して、良さそうなものが見つかったらすぐに不動産会社に連絡します。資料が届いたら数値のシミュレーションをして、基準をクリアする物件なら現場を視察し、問題がなければ、買付を入れて金融機関に持ち込む。

その作業を必死に繰り返しました。

シミュレーションをした物件の資料は、すべて保存してありますが、数えたら102件ありました。つまり1年間で102回も、返済比率とキャッシュフロー比率を割り出すシミュレーションをして、丁寧にメールを書いて、不動産会社に連絡していたことになります。

102件中、不動産会社と面談ができたのが30社。

それからさらに物件視察に行ったのが14件。

買付が10件。
融資申込が8件。
成約0という結果でした。

この1年間は、いつも寝不足でした。結果も出ず、疲労感が増すばかり。ですが、「諦めることはいつでもできる。今は淡々と行動するべし」。こんな言葉がいつの間にか染み付いた私のモットーになっていました。

引き続きパソコンに向かう日々を過ごしていると、いつも届くメールマガジンで、見過ごせない物件が目に留まりました。

茨城県つくば市のファミリー物件です。

価格は2・1億円で、利回り11・2％。関東エリアでは珍しい10％超え。
買付を入れると、銀行ではすぐに物件の調査と私の属性の審査が始まりました。
メールマガジンで情報を見つけてから契約完了までわずか1ヶ月。うまくいくときにはすべてがスムーズに進みます。

審査も無事に通り、2億円強のオーバーローンで金利は1・2％、融資期間は21年。これで返済比率は52％、キャッシュフロー比率は28％で実額700万円／年。当初の条件は満たしていないものの、この程度の誤差は後々の経営改善で充分挽回できます。

RCマンション3棟で、合計7億円の資産になり、年間家賃収入6600万円。夢だった年間キャッシュフローは、ついに2000万円を達成しました。3棟ともすべて、同じ金融機関からの借り入れです。1棟購入するごとに法人をつくり、利益の分散を図りながら増やしていきました。タイムリーにアドバイスをくれた会計事務所、そして理解ある金融機関に感謝です。

1年以上も睡眠時間を削って、インターネットで不動産を探し続けて、不動産会社とのやりとりを続けていたことが、大きな収穫となりました。

そしてさらに、この原稿を仕上げている最中に新たな物件取得がほぼ確定しました。愛知県日進市で4棟一括、1億2700万円。

茨城県つくば市のRCマンション

これによって私の収益物件は、総資産8億円強、家賃年収7500万円、年間キャッシュフローは2200万円になります。合計7棟100室です。

これからもまだまだ増やしていきます。

継続することが大切なのです。

Chapter.

6

不動産の取得後に効率的にお金をふくらませる方法

手残りを増やすには管理会社選びが重要！優秀な管理会社の見つけ方

物件を維持するには、それを管理する人の腕前が大変重要です。いかに優秀な管理会社と組むかが、賃貸経営の命運を分けると言っても過言ではありません。

管理会社の役割

・お金の管理……賃貸料、更新料、敷金などの管理・送金業務
・建物管理………清掃、メンテナンスなど、建物を維持する業務

この2つに加えて、管理会社に入居者の募集も依頼します。

昔の大家さんは、この管理をすべて自分でやっていました。でも、今の時代はそれぞれの専門の会社が何千とあります。それぞれノウハウ化、システム化して、プロ

フェッショナルな仕事として確立しています。素人がいろいろやってみても手間がかかるだけですから、専門業者に頼むのがベストです。

例えば、家賃滞納があった、廊下の電気が切れた、水が出ない、隣の人がうるさい、などなど、あらゆるトラブルには、それぞれの対応ノウハウがあります。ですから、たいていのオーナーは、家賃管理、建物管理、入居者の募集を専門の管理会社に任せています。

管理費の相場は?

・入居者探し〜賃貸料管理……家賃総額の3%〜5%
・建物のメンテナンス対応……家賃総額の5%程度、もしくは定額

例えば、1000万円の収入があるなら、その5%+5%=100万円くらいは、建物を安定して維持・管理するために必要な経費となります。

しかし管理会社もさまざまで、なかなか入居者募集を積極的にしてくれなかったり、

入居者からクレームがあっても、ずさんな対応だったりするところもあります。ですので、**優秀な賃貸管理会社の選び方が不動産経営のカギを握る**のです。

管理会社を選定する条件とは？

収支シミュレーションで確認すべきことがあります。次の３つを確認してから管理会社の選定をしましょう。

・賃貸料管理費は、家賃総額の何％か？
・建物の維持管理費は何％か？　定額の場合は実額でいくらか？
・入居を決めたときの仲介手数料は、家賃の何ヶ月分か？

相場の金額を不動産仲介会社に確認して、その管理会社と契約すべきかどうかを検討しましょう。

管理会社は〝客付け力〟で選べ！

物件に近い場所にある管理会社が、フットワークが軽くて良いと言われています。しかし、私の所有物件は東京都清瀬市にありながら、管理会社は車で40分以上離れている池袋にありますが、今までまったく問題ありません。

単に所在地だけで決めつけるのではなく、何と言っても「客付け力」を最優先に選ぶべきです。

現時点で1つでも空室があるならば、しっかりとその理由を聞いて、客付け力を判断しましょう。

物件の資産価値を高めるために、プロパンガスに切り替えろ！

経営改善のために、まず私が最初にチェックするのは、ガス設備です。都市ガスと、プロパンガス（ＬＰガス）のどちらかを確認するところからスタートします。

都市ガスを採用している場合には、できるだけプロパンガスへの切替をします。すでにプロパンガスを使用していれば、別のプロパンガス会社への切替を検討します。

料金の違いに隠された真実

都市ガスはこれまで、公共料金でまかなわれるものとして提供されていました。そこに一般企業のプロパンガス会社が参入して、いろいろなサービスをつけて顧客獲得をしています。

入居者目線では、まず一般的な印象として「都市ガスの方が安い」という定説があります。だから入居者さんも「ガスは都市ガスに限る」と指定して部屋探しをする人も少なくありません。それを感じている管理会社も、都市ガスの方が客付けしやすいと思っているセールスさんが少なくありません。

でも、日本企業を舐めてはいけません。単に価格が安いだけの都市ガスに対し、黙って指をくわえて見ているだけのはずがないのです。

2016年からは電力市場の完全自由化が決定しており、さらに都市ガスも2017年に全面自由化が予定されていますので、そうなるとますますエネルギー業界全体で熾烈な競争が予測されます。

プロパンガスに切り替えるメリット

例えば、ガス設備の中で最も修繕リスクが高いのが、給湯器の交換です。

大体10年~15年くらいで交換の時期がやってきます。世帯の大きさによっても異なりますが、その費用は10万円～15万円程度。これが徐々に部屋数分だけかかってきますので、30室ある場合には３００万円～４５０万円を将来の修繕費にあて込んでおかなければなりません。

それがなんと、無料にできる可能性があります。

新規にプロパンガス会社と契約すると、ガス会社負担にて、設備を交換できるサービスが付帯することが多いです。プロパンガス会社としては、継続的に顧客を確保することができれば、給湯器を無料で提供することは、それほどハードルが高くないのです。

プロパンガス会社は世の中に2万社以上あります。その中でしのぎを削って顧客獲得しなければならないので、ガス会社さんも切り替えにはかなり積極的です。

ちなみに都市ガスは、万が一の災害時には供給が完全にストップしてしまいます。ですが、プロパンガスは単独の設備を敷地内に有しているため、早く回復できる可能性があります。震災に対しての意識が高まっていますので、プロパンガスということが、実は有利なセールストークにもなるのです。

サービスの裏側に潜むもの

この他、ガス会社では、カラーモニター付きドアホンの設置、エアコンの永年無料交換などのサービス、オーナーへのインセンティブを用意したりします。

ですが、あまり調子に乗ってあれもこれも要求すると、入居者のガス料金に反映されて、個々の負担金が上がります。すると、入居者の退去を促す原因にもなりかねないので注意しましょう。

また、プロパンガス会社ならどこでも良いというわけではなく、契約条件をしっかりと確認しないといけません。

私がかつて木造アパートを売却した際、プロパンガス契約を解除する場合には、残存の設備償却費用を負担しなければならず、それだけで240万円かかるとのことでした。携帯電話の途中解約のようなものです。

アパートの買主さんが、どうしても管理会社を変えたいと要望されたので、やむを得ず、プロパンガスの設備費分を私が負担する羽目になりました。

物件を購入するときには、契約解除ができない期間が設定されていたり、プロパンの設備に償却期間が設けられていて、解約時には一気にその分を負担しなければならないこともあるので、確認をお忘れなく。

プロパンガス会社への要望

私が取引しているプロパンガス会社は、都市ガスから切り替える際に、入居者のガス料金が高くならないことを条件にしています。そしてそれをガス会社から入居者さんにきちんと説明してもらいます。

その上で、給湯器交換無料のサービスを付けてもらっていますので、オーナーにとっては交換費用を節約することができ、経営改善が図れます。

先日購入したRC物件では、ファミリータイプにも関わらず、追い炊き機能がついていませんでした。これは客付けの際にかなり深刻な阻害要因になります。

そこでプロパンガスのセールスさんに相談して、給湯器交換に加え、新規入居者から順次追い炊き機能を設置してもらうようにしました。

これで新規募集家賃を5000円アップし、現入居者さんには賃料2000円アップを条件に、追い炊き機能追加を提案しました。

こうすることで部屋の価値も上がり、入居者の満足度も上がって、やがて家賃収入も増えます。

火災保険が修繕を助けてくれる

火災保険については、本来は物件購入時によく検討して、いざと言う時に保険求償能力の高い保険代理店を選ぶことが最も有効です。しかし、物件を購入する際にはさまざまな条件が付けられることもあり、断り切れないこともよくあります。

例えば、銀行の系列会社に保険代理店があって、融資を受ける時に、その保険代理店から火災保険に加入するように促されるケースがあります。

本来銀行は、融資する相手に金利と返済期間・保証人等、本筋以外の条件を課してはいけないことになっています。ですが、融資を受ける立場では、なかなかキッパリと断りにくいものです。

また、物件を紹介してくれた仲介会社が提携している保険代理店があったり、もしくはその会社が保険代理店を兼ねている場合にもまた、相当強い勢いで加入をすすめられます。それらの保険会社を利用したくない理由が明確でないと、相手の意向を受け入れざるを得ないことになるでしょう。

購入する物件はほとんどが中古ですから、購入した後に水漏れや塗装はがれ等、突発的事故が起こる確率はかなり高いと思っておいた方が良いです。

そんな中、事故が起きてもすぐに現場に行ってもらえなかったり、発生状況を聞いただけで「保険適用は無理ですね」と結論を急いでしまうような代理店は、不動産経営の足を引っ張ります。そういう時には、思い切って保険代理店を変えた方が賢明です。


保険を解約する時、代理店はインセンティブを保険会社に返金しなければならなくなりますので、解約にはかなり抵抗します。

私が保険のセールスマンに直接聞いたところによると、最もスムーズに保険を切り替える理由としては、「親戚が保険会社に入社したので、何とか協力してあげたい」というのが無難な線だそうですので、ご参考までに。

つい先日も、管理会社や工事業者の方々が口をそろえて「今回は保険で賄うのは無理でしょう」と言われていた給水ポンプの交換に、実額146万円がかかりました。ですが、的確な保険求償のおかげで1円も自腹を切らずに済みました。

また、地震保険に入るべきかどうか迷う方もいるようですが、私は入った方が良いと思っています。自宅が被災した経験があるので、なおさら万が一の時の備えの大切さを身にしみて感じています。集合住宅のオーナーとしての責任もあります。

地震保険は、単独で掛けることはできません。まず火災保険に入り、火災保険金額の50％が地震保険の保険金額になります。

具体的には、1億円の火災保険に入っていれば、地震保険の金額は5000万円になります。

保険料率は地域によって異なりますし、およそ5年ごとに見直されますので、こういった情報にも敏感になっておきましょう。

電子ブレーカーの導入で電気代が4割削減

経営改善に向けた重要な施策として、電気料金の削減があります。建物の照明やエレベーターなど共用スペースの電気使用量を抑えることができる最新テクノロジーを紹介します。

電子ブレーカーの仕組みと効果

電気使用量を節約できる電子ブレーカーは10年以上前からありますが、賃貸マンションに導入されるようになったのは5年前くらいからです。現在でもこの機器に詳しい不動産会社は少ないです。

電子ブレーカーを導入して電気料金を削減するのは、いわゆる携帯電話の料金プラン見直しのようなものだと思います。最初はよくわからなくて、とりあえず高いプランに入ったけれど、実際に使っている量に応じて最適なプランに加入し直すというイメージです。

まずは電気料金体系を理解する

一般家庭で支払う電気料金は、契約種別を「従量電灯B」と言います。

契約の単位は「A（アンペア）」で表され、10Aから60Aまで7段階の基本料金と、使用量に応じた電力量料金の合計を支払います。収益物件でも同じものを契約します。

そしてもう一つは、「低圧電力」という契約種別になります。

業務用の電力契約として、工場や商店、マンション等でモーターなどの強力な電動機を使う需要に対応したものがあり、契約の単位はkW（キロワット）で表されます。

1kWあたりの単価計算による基本料金と、使用量に応じた電力量料金の合計が課されます。

なぜ「低圧」というのかというと、これは契約電力が50kw未満の施設用で、さらに大きなものには「高圧」「特別高圧」のカテゴリーがあり、ビル・百貨店・スーパー用です。ここでの説明は、多くのマンションに適用される「低圧電力」契約に限定して話を進めます。

電気の契約に「従量電灯B」と「低圧電力」の2種類があるところまではご理解いただいたと思いますが、電子ブレーカーの導入によって効果が表れるのは、主に「低圧電力」契約の部分です。

「低圧電力契約」には2種類の決め方があり、普通は「負荷設備契約」の設定になっていることがほとんどです。これをもう一つの「主開閉器契約」に変更することにより、基本料金が削減できるノウハウです。

言葉が難しすぎるので、簡単にまとめてみましょう。

負荷設備契約

使用する電気機器の総容量に、一定の係数をかけて料金を算定するやり方。

実際の消費電力量に関わらず、設置されている機器の容量の合計で計算されるため、契約電力はMAX値。無駄な契約をしている可能性があります。

主開閉器契約

「主開閉器」というのはいわゆるブレーカーのこと。この場合のブレーカーとは、それぞれの機器が充分に能力を発揮できる容量を切り替えるもの。従って、賃貸マンションでは多数の電気機器があっても、すべての機器を同時に使用しないことがほとんどなので、契約電力を下げられる場合が多いのです。

エレベーターや、機械式立体駐車場は、一日中フル稼働し続けるなどということはあり得ません。これまでの電力量MAXの「負荷設備契約」を「主開閉器契約」に変更し、デジタル感知の電子ブレーカーを採用することで、電気料金の削減ができます。

私も所有物件のうち、エレベーターのある2棟をこの電子ブレーカーに切り替えました。導入時のシミュレーションとしては次の通りとなり、従来から基本料金が4割ほど経費削減になる見込みです。

シミュレーション例

・A棟 24kw↓16kw……年間料金30・1万円↓20・1万円 **削減額10万円**
・B棟 21kw↓12kw……年間料金26・3万円↓15・1万円 **削減額11・2万円**

これに伴う機器の設備費用を考えると、約3～4年で回収できる計算になります。

電子ブレーカーの寿命は10年ですので、5年目以降は2棟合わせて毎年20万円以上の節約がダイレクトに効いてきます。

私はできるだけ長く物件を所有するつもりですので、この計算で構わないのですが、すぐに売却を考える方は、投資と回収の期間を検討して判断されるといいですね。

本年度に電子ブレーカー設備を導入して経費に折り込み、次年度以降は電気料金を節減した分のキャッシュフローを得る方が、次の事業展開に向けて意味があります。

電子ブレーカー導入時の注意点

インターネットで検索すれば、扱っている会社が見つかります。サイトで比べてアプローチしてみることをおすすめします。

電子ブレーカーを設置しても効果が少ない場合もありますので、きちんと調査をして、責任感のある対応をしてくれる業者さんを選ぶことが大切です。

ろくに現場調査もせずに選定容量を誤ると、いざという時に電子ブレーカーが遮断されて停電状態になり、かえって混乱を招きます。

いたずらに経費削減効果をアピールしたり、やみくもに設置を促す業者には要注意です。

電灯はすべてLED照明に換える

電気料金を削減するもう一つの施策は、照明をLEDに換えることです。LEDは従来の電灯よりも何倍もの寿命があります。環境によっても異なりますが、大体10年は交換しなくて済みます。電球を交換する手間賃も考慮に入れると、単に電気料金だけではない節約効果が見込めます。

私の物件のシミュレーション例

A棟

電気料金……16万7534円→5万0168円
ランプ交換……2万0530円→0円
合　計………18万8064円→5万0168円
年間削減額…13万7896円

B棟

電気料金……17万2886円 → 10万2295円
ランプ交換……1万1940円 → 0円
合　計……18万4826円 → 10万2295円
年間削減額……8万2531円

2棟合計すると22万0427円の料金節約になります。LEDの導入費用を考慮すると、大体5～6年で回収できる計算です。お気付きのようにA棟とB棟では、従来の電気料金はさほど変わりません。ですが節減効果はA棟の方が大きくなっています。それは電球のタイプや個数によっても変わってくるからです。そう考えると、やはり個々の物件での判断が必要でしょう。

さらに、LEDは電力量削減だけでなく、二酸化炭素の排出削減効果もあり、見た目にも美しいデザインのものが多いです。オーナーとして物件のバリューアップに取り組んでいる姿勢を入居者にアピールすることもできます。仮に物件を売却する際にも、LEDを導入済みであることは好印象に受け止められます。

資産を増やしていくなら法人をつくれ！

所有物件を増やしていく時、必ず考えるべきことは法人化です。法人化とは、株式会社か合同会社を設立することを言います。

会社をつくることは非常に簡単で、会社の実印をつくり、住所と社員を決め、費用を納めて法務局に登録するだけです。

なぜ、法人にすると良いのかというと、大きな節税につながるからです。

また、個人負債の軽減にもなります。


木造アパートを2棟、RCマンション1棟を、個人名義で所有していた頃は、私の負債総額は住宅ローンと合わせて3億4000万円になっていました。

これは、実際にはキャッシュフローを生み出す不動産を所有しているのですから、生活が苦しくなるわけでもなく、それどころか何十万円も所得が増えて、かなり生活レベルが向上しました。

ところが、勤務先と提携している金融機関に、500万円の教育ローンを申し込んだところ、審査が通らなかったのです。私の会社でその金融機関から教育ローン融資を受けられないという人は、おそらく私をおいて他にいないくらい、あり得ないほど異例なことでした。

原因は「個人で借りている負債額が大きすぎるから」でした。そこで、このレッテルを回避するためにとった施策が「法人化」です。

家内を代表社員にしておけば、私の個人負債は住宅ローンだけとなり、記録上は身軽になります。実質的には大して意味のないことなのですが、こういうことも融資戦略上は必要になる時があるのです。

法人化の真の意義は利益圧縮にあり

そして、設立した法人に物件を売却し、負債を移管するためには、銀行の了承を得なければなりません。その効果がいかに大きいかを支店長に説明するため、いろいろと細かいシミュレーション表を作りました。

当時のデータでは、個人で所有したまま15年経つと納税額の累計が４４５８万円、法人化すればそれが１０５万円となります。なんと15年で４３５３万円も節税ができるのです。

なぜこんなに差が出るのかというと、個人で所有している場合には、法人に比べて経費計上の条件に限りがあるからです。多くの利益が出た時に、それを圧縮できる幅がとても小さいのです。

例えば、経費によるマイナス分は、個人では繰越期限が3年であるのに対し、法人では9年間あります。利益額を調整しながら繰り越すことができます。

さらに法人では、役員報酬という給与を支払うことによって、自分を含めて社員登録している家族分の人件費を経費計上することができます。

これらを事前に計算して、銀行に説明するために、内容を会計事務所にも確認しました。そして、「節税と、修繕のための現金確保をして、安定経営を図るために法人化したい」というシナリオで、銀行への説明に臨みました。

銀行も法人化をすすめている

銀行はスムーズに了承してくれました。さらに、「銀行としては節税という言葉は使わないけれど、所得の分散という目的で、お客様に法人化をすすめることがあります」とのこと。所有物件を担保にした融資は、抵当権設定費用などはかからずに、「債務引き受け契約」という書面上のやり取りだけで移管が済んでしまいました。このための費用は5万4644円でした。

このように、法人化はメリットが大きいです。銀行の目線では、**所得を分散することで税率を下げ、総合的にキャッシュを残して体力を蓄える**ということを期待されます。

こうして法人化した後には、念願の教育ローンも無事にその銀行から借りることができました。教育ローンは低金利の上、子どもが在学中は、毎月金利のみの支払いで済む点が大助かりです。低金利のものはどんどん借りて、残った現金は、不動産経営の運転資金として確保しておくのも一つのスタイルです。

最もインパクトを与えるのは「役員報酬」

物件を取得して数年が経ち、利益が順調に伸びてくる頃、法人化で一番大きなメリットをもたらすのは役員報酬です。これはいわゆる自分や家族の給与です。これによって何十万円、何百万円の人件費を経費に算入することができます。

もちろん、給与を支払う際には源泉所得税を収めなければなりません。それでも、個人事業主のまま課税所得額が膨らんで、高率の税金を支払うよりは、法人から役員報酬として分散した給与を受け取る方が、節税につながります。

また、会社で得た利益を、オーナーといえど勝手に使い込むわけにはいきませんので、きちんと給与として引き出しておかないと、申告上は会社からの借金が増えるばかりになってしまいます。

法人化のタイミング

多くの税理士さんをはじめとする専門家の方々は、「**法人化のタイミングは、この**

先自分がどうなりたいかで変わる」と言います。

・サラリーマンの副業として続けるのか、リタイヤを考えているのか
・どのくらいの規模の物件を持っているのか。
・物件を取得したのはいつなのか
・キャッシュフローは現状いくらで、将来いくらくらいを目標にしているのか
・この先何年、不動産事業を続けるのか

このようなことを明確にして、専門家に相談するのがベストです。

申告は大変

私は不動産投資を始めるときに、「法人設立」などという発想はまったく持っていなかったので、必然的に個人から始めるしかありませんでした。そして見よう見まねで確定申告のやり方を覚え、慣れないパソコンに青色申告ソフトをダウンロードし、

会社の休みを取って平日に青色申告会に並んでアドバイスを受けながら、何とか申告をしてきました。いろいろとつまずいて時間もかかりましたし、間違いがないかどうか、不安に苛まれながら、申告の時期を過ごしてきました。

今はすべての不動産を、利益の分散を図るために1物件1法人で所有し、不動産関係に強い税理士事務所に会計を一任しています。**多少の費用はかかりますが、今生み出している利益とキャッシュフローと、申告に消費する時間・労力を考えれば、税理士にしっかり依頼することをおすすめします。**

出口戦略の考え方

所有不動産を売却するとき、ようやく投資としての最終利益が確定します。

これを業界用語で「出口」と言い、上手く利益を残すように計画することを、「出口戦略」と呼びます。

基本的に私は、物件の売却を考えていません。一度購入した物件は、できる限り維持をして、家賃収入で事業運営していきたいからです。

ろくに知識もない状態で初めて所有した新築木造アパートは、空室になったとたんにキャッシュフローが無くなり、さらにオーバーローンで購入したために、負債がなかなか減らないという悪循環に苦しみました。「儲からない物件を借金丸抱えで持っている」ということになり、金融機関からの私への評価はマイナスだったのです。

ですから、やむを得ず「残債をクリアにする」という目的で売却しました。

木造アパートを5年間所有して、売却した結果、わずか55万円だけが手元に残りました。それでも私の売却の目的が「残債を無くす」ことでしたから、これで良しとしています。このように、万が一売却を考えなければならなくなった時には、残債や諸経費、自己資金、インカムゲインも合わせ、総合的に売価を決定しなければなりません。

個人で所有している物件を5年以内に売却した場合、短期譲渡税がかかります。利益の39%が税金になります、この場合には残債よりも「簿価」の方が大事で、税務的には「減価償却を行った後の残存簿価」と、実際の売価との差分が「利益」と見られてしまいます。つまり1000万円の利益が出たら390万円が税金になります。この分も見越して売価の設定をしなければならなくなります。

収益不動産は「安く買って高く売る」という単純な商売ではなく、そこに手数料や自己資金、家賃収入、税金まで、さまざまな項目を捉えながら売買を行っていかなければならないのです。

ですから、売却によってよほど大きな利益を狙う目的がない限り、通常はできるだけ長く所有して、継続的なインカムゲインを得ていく方が良いと思っています。

終わりなき経営改善を目指して

「管理会社」「プロパンガス」「火災保険」「電子ブレーカー」「ＬＥＤ」と、物件取得後、もしくは取得する時点から考えておくべき材料についてお話ししてきました。私はこれらのことを、はじめからいっぺんにできたのかというと、そんなことはありません。

１棟ずつ購入しながら、日々のつまずきと出会いがあり、少しずつ前に進めて来ました。その結果として今があります。

利回りと金利でキャッシュフローをシミュレーションし、物件を購入した後も常に毎月の実績をチェックしています。そして、改善の余地はどこにあるのかを模索し続けることが、新たな気づきや出会いを呼び寄せてくれるのです。

大抵の場合、経営改善には初期投資が必要になります。満室にするためにモデルルームを作ったり、新しい設備を導入する場合の費用です。この初期投資を何年で回収できるかをよく考えて実施に踏み切ることが肝要です。

一方で、やってみなければわからない、数字だけの判断は難しいということもあります。そんな時こそ、長期的視点・広い視野でみる経営者の判断が問われます。

「やるべきことをやりきっているか？」

この言葉を、私は常に自分に問いかけてきました。

今できる最善を尽くすこと。そして自分だけで抱え込まず、しかるべき人に相談すること。さらに、積極的に出会いを求め続けること。

これらが、現在の結果につながって来たと信じています。

不動産投資の基本はシンプルです。物件を購入する基本と、経営を改善する基本をきっちり押さえるだけです。幹を固めて、地盤と栄養を整え、美味しい実がなるように一歩だけ踏み出しましょう。

少しでも長く、少しでも大きな果実を実らせ続けることが、賃貸経営の醍醐味です。

Do your best！

おわりに

最後までお読みいただき、ありがとうございました。これまでの私の経験の中で得たことを、包み隠さずすべて提供させていただきました。

できるだけシンプルに、初めてでもわかりやすいように、繰り返し平易な言葉でお伝えしたつもりです。

「まだ不動産投資をしたことがない。けれど興味があって、チャンスがあればいつかやりたい」

この本は、そんな方が一歩踏み出せるように書きました。「思ったより簡単そうだ」「私にもできるかもしれない」と感じていただければ、私の目標はかなり達成されたと言えます。

では、不動産投資は本当に簡単で、誰でもできるのでしょうか。

そうなんです。誰にでもできます。日本では約330万人の不動産オーナーがいると言われています。なんと労働人口の20人に1人が大家さんです。もし難しいなら、これだけの人が大家さんになれるわけがありません。

不動産は、世の中で最強の資産です。その資産の特性を活かして、売買の仕組みと、金融機関との付き合い方を理解すれば、お金のないサラリーマンにも充分に道が拓けます。

成功への扉を開くカギは一つだけ。それは「良い物件」に巡り会うことです。この本を読んだ方はすでにご理解されたと思いますが、ある基準で選びさえすれば、誰でも失敗しない不動産投資ができます。しっかりとシミュレーションして、数字を見極めること。やるべきことはこれしかありません。

ただし、誰が見てもいい物件は、なかなか手に入りにくいです。**一番大変なのは、良い物件に出会うまでやり続けること。そして、取得後にも良い物件にし続けることが大切です。**

あきらめないで続けられる原動力は、不動産投資で成功したその先にある未来のイメージです。

「どんな未来をつくりたいのか?」

これが明確になっていないと、ほんの数回うまくいかなかっただけであきらめてしまうかもしれません。この本に出会ったあなたには、あきらめずに夢を叶えていただきたいのです。

そのために、ゆるぎない未来のイメージをしっかりと創り上げてください。家族や周りの人たちとどんな生活を送りたいのか、夢をふくらませることが、本当の第一歩です。

最後に、この本の出版にあたり、執筆のきっかけを与えてくれた不動産投資仲間の福田正春さん、いつも的確なアドバイスに加えて、私の苦手分野を補う技術的なサポートまでしていただいた、コンサルタントの松橋良紀さん、素晴しい本に仕上げてくださった青月社の笠井譲二編集長に、心からの敬意と感謝をお伝えします。

そして本書を私の愛する家族と、家族を守るために闘っている日本中のサラリーマンのお父さんに捧げます。

平成28年1月　　桜木大洋

完全オリジナル！ 初公開！

投資物件判定ツール「見極めくん」

本書読者のみなさまへもれなくプレゼント！

投資判断に一番重要な「返済比率」と「キャッシュフロー比率」が一目でわかる、著者オリジナルのエクセルツールです。

不動産業者も納得し、某地銀の支店長をも唸らせた、シンプルかつ最強のアイテム！

「この物件は買うべきか？ 見送るべきか？」

簡単なエクセル表に数値を入力するだけで、その物件の年間収支予測をシミュレーションできる、これからの不動産投資家の必携ツールです。

わかりやすい入力ガイド付きで、数字が苦手な方へ特におすすめです。

ダウンロードはこちらから

http://sakuragi-juku.com/mikiwamekun

パスワード：tokuten

◉著者プロフィール
桜木 大洋（さくらぎ・たいよう）

1966年東京・深川生まれ。千葉県浦安市在住。

妻と娘・息子の４人家族。

某メーカーに26年勤務。商品企画に携わり、担当商品が2011年日経BJヒット商品番付にランクイン。消費生活アドバイザー（経済産業省認定資格）としても幅広い知識を持つ。

2009年に新築木造アパートを取得し、紆余曲折を経て2012年より本格的に不動産投資を開始。

以来３年半で総資産８億円、家賃年収7500万円、年間キャッシュフロー2200万円を築く。所有物件は７棟100室。

初心者のための不動産投資アドバイスをはじめ、各地でセミナーを開催。

自己資金0円からはじめる不動産投資

発行日　2016年 2月 8日　第１刷

定　価　本体1500円＋税
著　者　桜木大洋
発　行　株式会社 青月社
〒101-0032
東京都千代田区岩本町3-2-1 共同ビル８F
TEL 03-6679-3496　FAX 03-5833-8664

印刷・製本　萩原印刷株式会社

ISBN 978-4-8109-1290-6